TU N'ES QU'UN NÈGRE

LA CORRUPTION ET LE RACISME DANS LES TRIBUNAUX CIVILS DU QUÉBEC

ÉTUDE DE CAS : GATINEAU

VOLUME I

Raymond Samuels

Agora Books

Agora Books™
Ottawa • Canada

TU N'ES QU'UN NÈGRE

La corruption et le racisme dans les tribunaux civils du Québec
Étude de cas : Gatineau — Volume 1

Les points de vue, opinions et perceptions de l'auteur et/ou de l'éditeur exprimés dans le présent ouvrage visent à favoriser des discussions civiles et créatives, tant dans les milieux universitaires que citoyens.

Toutes les précautions ont été prises afin de retracer la propriété ou la source de tout matériel de référence universitaire contenu dans le présent ouvrage. L'éditeur accueille toute information permettant de rectifier, dans une ou plusieurs éditions ultérieures, toute référence ou mention de source incorrecte ou omise.

Agora Books
Bureau 325
207, rue Bank
Ottawa (Ontario) K2P 2N2 CANADA

Agora Books est une marque de commerce de The Agora Cosmopolitan, une société sans but lucratif enregistrée.

ISBN 978-1-77838-064-8

Imprimé au Canada

Table des matières

PRÉFACE

De la théorie aux premières lignes

Ce livre constitue une rupture nette et nécessaire avec le cadre théorique de mon premier ouvrage, intitulé *National Identity in Canada and Cosmopolitan Community*. Dans cet ouvrage précédent, l'approche était académique et conceptuelle. Il explorait la manière dont un État-nation moderne pouvait concilier les exigences de l'identité nationale avec les impératifs éthiques d'un monde plus vaste, fondé sur le cosmopolitisme. Il examinait les fondements philosophiques du multiculturalisme canadien, en s'intéressant à la façon dont les institutions publiques pouvaient, en théorie, favoriser un tissu civique inclusif qui respecte la diversité des réalités culturelles tout en préservant une communauté nationale commune.

Or, la théorie universitaire se heurte souvent de plein fouet à la réalité institutionnelle. Alors que *National Identity in Canada and Cosmopolitan Community* analysait les fondements structurels de l'inclusion, le présent ouvrage s'attaque aux mécanismes bruts, sans fard, de l'exclusion imposée par l'État-nation. Il passe de la sociologie abstraite de l'appartenance à une analyse juridique et politique directe du racisme systémique comme instrument de gouvernance.

Les théories universitaires résistent rarement à l'épreuve du réel. Alors que *National Identity in Canada and Cosmopolitan Community* examinait, sur le plan intellectuel, comment une approche plus constructive du multiculturalisme, fondée sur l'histoire réelle, favoriserait davantage l'épanouissement du Canada en tant que communauté nationale fondée sur la synergie, ce livre expose la dure réalité du Québec au sein de la Confédération. Nous dépassons les réflexions sur notre potentiel social entravé pour examiner de près la façon dont les élites québécoises poussent l'hypocrisie à un tout autre niveau.

Au Canada, le racisme systémique est rarement bruyant ou ouvertement proclamé. Il agit plutôt par l'action discrète et coordonnée de la bureaucratie, de la législation et du pouvoir discrétionnaire judiciaire. D'un bout à l'autre du pays, les communautés racisées sont confrontées à un paradoxe structurel : elles sont célébrées dans les campagnes de relations publiques comme des composantes essentielles de la mosaïque multiculturelle, tout en étant systématiquement marginalisées par les mêmes institutions censées les protéger. Des profondes disparités dans l'application des droits de la personne aux corps policiers municipaux agissant en toute impunité, l'État canadien protège fréquemment son propre pouvoir administratif au détriment des droits universels de la personne.

Nulle part cette crise n'est plus aiguë, ni davantage inscrite dans le droit, qu'au Québec.

Tu n'es qu'un nègre est une étude de cas empirique de ce qui se produit lorsque les pouvoirs provinciaux rejettent les idéaux cosmopolites au profit d'une hégémonie ethnique et d'une vision révisionniste de l'histoire servant leurs propres intérêts. Alors que l'État canadien, dans son ensemble, recourt souvent à l'inertie bureaucratique pour ralentir les progrès en matière d'équité raciale, l'élite politique québécoise a activement instrumentalisé le droit afin d'imposer une uniformité culturelle. Cet ouvrage montre comment les mythes politiques d'une nation homogène et les excès du pouvoir législatif — comme la normalisation de la disposition de dérogation — se conjuguent pour priver les communautés noires, les personnes racisées et les minorités anglophones de protections fondamentales.

Plus important encore, cet ouvrage constitue un acte d'accusation direct contre le récit soigneusement façonné par les élites québécoises. Cette image fabriquée d'une société progressiste et distincte n'est maintenue que grâce à la participation complice des représentants de la Couronne et de ce que l'on appelle aujourd'hui les médias « traditionnels ». Ensemble, ces institutions agissent comme un appareil de propagande, protégeant l'autorité provinciale, réduisant au silence les discours dissidents et dissimulant la violence systémique infligée aux populations racisées.

Au cœur de cet ouvrage se trouve une remise en question fondamentale du mythe largement répandu d'une magistrature impartiale, particulièrement au Québec. Il met en lumière un univers judiciaire exerçant un pouvoir sans véritable contrepoids — un écosystème fermé, soustrait à toute reddition de comptes, qui a attiré certains des individus les plus malveillants de notre société. Plutôt que de protéger les plus vulnérables, ces acteurs s'attaquent ouvertement aux véritables défenseurs des droits et des libertés et cherchent à les réduire au silence, alors même que nous comptons sur eux pour réaliser notre aspiration à bâtir le pays de nos rêves et une société juste pour tous, fondée sur nos idéaux constitutionnels.

En révélant ces mécanismes, cet ouvrage met au jour les véritables rouages de l'oppression. Les défenseurs du statu quo détournent l'attention vers des débats politiques superficiels, masquant ainsi une réalité fondamentale : les juges et les forces policières sont les principaux artisans de l'injustice sociale et de l'iniquité. Par le racisme systémique et d'autres formes d'oppression soigneusement calculées, ces acteurs constituent les piliers structurels sur lesquels les élites québécoises appuient leurs objectifs dystopiques. En définitive, cet ouvrage n'est pas un simple exercice de science politique détaché de la réalité, mais le témoignage d'un profond échec constitutionnel et un appel à s'attaquer aux hiérarchies délibérément construites qui empêchent l'avènement d'une véritable justice.

INTRODUCTION

Le Canada est célébré partout dans le monde comme une mosaïque de multiculturalisme, d'équité et de droits de la personne progressistes. Pourtant, un examen de la trame constitutionnelle du pays révèle une crise localisée aux proportions systémiques. *Tu n'es qu'un nègre* met à nu la façade bienveillante de la mosaïque canadienne. Il met au jour les mécanismes d'exclusion, les excès du pouvoir juridique et le racisme institutionnel qui sévissent au Québec. Cet ouvrage soutient que derrière le discours politique contemporain du Québec se cache une structure profondément enracinée qui fait passer l'hégémonie ethnique avant les droits universels de la personne. En analysant les fondements historiques, les alliances politiques et les mécanismes juridiques de la province, il montre comment les systèmes administratifs et judiciaires sont transformés en armes pour imposer une hiérarchie sociale rigide. Cette hiérarchie marginalise systématiquement les communautés noires, les communautés racisées et les minorités anglophones, faisant de la primauté du droit une simple illusion pour tous ceux qui se trouvent à l'extérieur du noyau culturel privilégié.

Afin d'allier profondeur théorique et rigueur empirique, cet ouvrage est divisé en deux volumes distincts. Le premier volume comprend seize chapitres intégrés. **La première partie** du volume I, intitulée **Les mythes de l'identité et l'architecture du pouvoir**, explore le récit fondateur du Québec moderne tout en proposant une critique structurelle et un cadre d'analyse. En complément de cette critique, **la deuxième partie**, intitulée Les mécanismes juridiques de l'exclusion systémique, examine l'expérience concrète du racisme et de la corruption au sein du système judiciaire québécois. **Le volume II** rassemble les mémoires déjà déposés devant la Cour d'appel, accompagnés d'annotations. Cette annexe documentaire comprend notamment l'ordonnance authentique déclarant l'auteur plaideur quérulent, rendue par l'honorable juge Catherine Piché. En préservant et en publiant intégralement ces documents judiciaires, la deuxième partie, conjointement avec cette annexe, offre aux juristes, aux défenseurs des droits de la personne et au public un accès permanent à la dimension juridique des documents déposés et acceptés dans le cadre du contrôle judiciaire par la Cour d'appel du Québec, sous le numéro de dossier 500-09-032107-260.

L'architecture théorique présentée dans les chapitres qui suivent est directement ancrée dans ce véritable champ de bataille juridique et s'articule autour de deux grands axes d'analyse cohérents.

Première partie : Les mythes de l'identité et l'architecture du pouvoir

L'ouvrage s'ouvre en déconstruisant les récits fondateurs du Québec moderne et en montrant comment les biais hérités du passé se perpétuent au sein de la gouvernance contemporaine. **Le chapitre 1 : Vestiges — L'héritage bourbonien au Québec** retrace les origines idéologiques des mentalités administratives et judiciaires qui prévalent aujourd'hui dans la province. Ce chapitre montre comment les réflexes absolutistes et hiérarchiques de l'ancienne monarchie bourbonienne française n'ont jamais véritablement disparu. Ils ont plutôt été absorbés par l'appareil de l'État, où ils continuent de façonner discrètement la gouvernance provinciale moderne. Cet héritage historique sous-tend les constructions politiques analysées **au chapitre 2 : Le Québec est une construction sociale — et non une nation**. Ce chapitre montre que le récit présentant le Québec comme un État-nation homogène et historiquement uni est une invention politique contemporaine façonnée par les élites afin de justifier l'exceptionnalisme et de consolider leur pouvoir.

Cette concentration du pouvoir n'a rien d'abstrait ; elle repose sur une collusion institutionnelle directe. **Le chapitre 3 : Le premier ministre, le juge en chef de la Cour supérieure et un chef de police** offrent une analyse sans complaisance des intérêts convergents de l'exécutif politique québécois, de la haute magistrature et de la direction des corps policiers. Il révèle comment ces différents piliers de l'autorité agissent de concert pour préserver le statu quo.

Le chapitre 4 : Le véritable désir de « laïcité » des élites québécoises en offre un exemple particulièrement révélateur. Ce chapitre analyse l'obsession du gouvernement québécois pour la laïcité, en la replaçant non pas comme une séparation progressiste de l'Église et de l'État, mais comme un instrument politique stratégique destiné à imposer une conformité culturelle et à exclure les minorités visibles de l'espace public.

Les conséquences sociales de ces manœuvres des élites se manifestent clairement à l'échelle municipale. **Le chapitre 5 : La façade de civilité de Gatineau** utilise la ville de Gatineau comme étude de cas locale, opposant son image publique courtoise aux réalités hostiles et exclusionnaires vécues quotidiennement par ses résidents marginalisés. Cette première partie se conclut avec **le chapitre 6 : Le coût économique du racisme au Québec**, qui passe des conséquences sociales aux conséquences matérielles en chiffrant les lourdes pertes économiques et sociétales découlant de la discrimination systémique. Il montre comment l'économie québécoise est activement freinée par l'exclusion imposée de talents issus de la diversité.

Deuxième partie : La machinerie juridique de l'exclusion systémique

Une fois le cadre idéologique et politique établi, l'ouvrage s'intéresse à la machinerie juridique mise au service de la répression de la dissidence et de la privation des droits fondamentaux des minorités. **Le chapitre 7 : L'instrumentalisation du Code civil** examine comment les procédures civiles et les cadres législatifs — conçus à l'origine pour assurer l'ordre — sont détournés par les acteurs de l'État afin de soustraire les institutions à toute reddition de comptes. Cette instrumentalisation des procédures atteint un point de rupture constitutionnel **au chapitre 8 : La clause dérogatoire, le racisme anti-Noir et la mort de l'État de droit**. Ce chapitre analyse la normalisation du recours à l'article 33 de la Charte canadienne et montre comment son utilisation répétée au Québec crée un régime d'exception juridique qui prive de façon disproportionnée les communautés noires des protections fondamentales en matière de droits de la personne.

Cette érosion des droits s'étend jusque dans les salles d'audience. **Le chapitre 9 : L'apartheid linguistique dans les palais de justice** examine le système de justice québécois afin de montrer comment des lois linguistiques coercitives sont appliquées devant les tribunaux pour priver les justiciables non francophones et racisés d'un accès égal à la justice, transformant les palais de justice en lieux d'exclusion linguistique. À l'extérieur des tribunaux, cette absence de protection se traduit par une vulnérabilité physique, une réalité décrite **au chapitre 10 : Les intouchables : l'impunité policière de Gatineau à Montréal.** S'appuyant sur des études de cas rigoureuses, ce chapitre met en lumière l'absence persistante de reddition de comptes et de mécanismes de surveillance qui protègent les policiers des conséquences de fautes systémiques.

La survie d'un système aussi oppressif exige un travail de gestion interne, exploré **au chapitre 11 : Le nègre de maison et le citoyen consommateur**. Ce chapitre critique la récupération systémique de voix issues des minorités qui légitiment des structures discriminatoires au service de leur avancement personnel ou politique, réduisant la citoyenneté active à une simple consommation symbolique. Pour ceux qui refusent cette récupération, le système impose le silence, une exigence institutionnelle analysée **au chapitre 12 : « Les nègres (et les autres races) ne devraient être vus qu'en cas de nécessité, et jamais entendus »**

Lorsque des personnes marginalisées tentent de rompre ce silence en résistant par les voies judiciaires, l'État déploie des barrières bureaucratiques hautement spécialisées. **Le chapitre 13 : L'instrumentalisation de la procédure : les ordonnances déclarant un plaideur quérulent comme instruments d'exclusion systémique** montre comment les tribunaux administratifs détournent les ordonnances restrictives et les désignations de plaideur quérulent afin d'empêcher durablement les personnes marginalisées d'accéder à la justice. Le caractère systémique de cette crise devient indéniable lorsqu'on l'examine à l'échelle nationale, comme le démontre **le chapitre 14 : Les disparités interprovinciales dans l'application des droits de la personne et la crise de l'imputabilité des services de police municipaux.** Ce chapitre propose une analyse comparative qui met en lumière les écarts considérables et injustifiés entre les tribunaux québécois des droits de la personne, dont le fonctionnement est compromis, et les mécanismes d'application plus robustes en vigueur dans les autres provinces canadiennes.

En définitive, cette machinerie est dirigée par une classe juridique qui adhère à une philosophie bien particulière. **Le chapitre 15 : Le juriste bourbonien : dépouiller les citoyens de leurs droits pour maintenir la hiérarchie sociale** définit l›émergence d›une philosophie judiciaire autoritaire davantage préoccupée par le maintien des hiérarchies sociales historiques que par la protection des libertés individuelles. Enfin, l›ouvrage se conclut avec **le chapitre 16 : Le défaut structurel de la Confédération : l'autonomie provinciale et l'usurpation des droits de la personne.** Ce dernier chapitre dépasse le cadre provincial pour livrer une critique cinglante de la fédération canadienne elle-même, soutenant que le modèle constitutionnel canadien comporte une faille fondamentale : il accorde aux provinces un degré d'autonomie qui leur permet d'usurper les droits universels de la personne en toute impunité. Ensemble, ces seize chapitres proposent un examen critique d'une province qui fonctionne au détriment de la primauté du droit et offrent un cadre d'analyse indispensable pour comprendre les mécanismes de l'oppression systémique contemporaine.

PREMIÈRE PARTIE

Les mythes de l'identité et l'architecture du pouvoir

CHAPITRE 1

Vestiges — L'héritage bourbonien au Québec

Le Canada présente une histoire officielle fondée sur un effacement délibéré, une amnésie organisée et une profonde mystification symbolique.[1] Depuis des siècles, les véritables architectes des inégalités systémiques au Québec s'efforcent de s'effacer complètement de la conscience nationale. À la suite de l'effondrement du régime colonial français et des profondes transformations mondiales engendrées par la Révolution française, les vestiges de la monarchie absolue — l'ancien régime bourbonien — ont entrepris un repli idéologique soigneusement calculé. Ils ont enfoui leurs titres aristocratiques et dissimulé leurs anciens mécanismes féodaux, tout en préservant soigneusement leurs principaux instruments de contrôle. Aujourd'hui, ce tour de passe-passe historique demeure presque entièrement invisible, à l'exception de sa manifestation la plus évidente et la plus omniprésente : la fleur de lys. Arborée sur les édifices gouvernementaux, apposée sur les documents officiels et profondément inscrite dans l'identité même de la province, la fleur de lys demeure l'étendard inébranlable d'un passé qui refuse de disparaître. Elle est l'emblème choisi d'une oligarchie durable et dissimulée qui continue de dicter les paramètres sociaux et juridiques de la société québécoise contemporaine.

La principale stratégie de ces vestiges bourboniens modernes est aussi efficace qu'insidieuse. En instrumentalisant le désir profondément ancré et parfaitement légitime de la population de préserver et de protéger la langue française, cette classe dirigeante parvient à dissimuler son véritable objectif : non pas assurer la survie de la culture, mais imposer un ordre oppressif, rigidement hiérarchisé, maintenu par le racisme systémique et l'exclusion institutionnelle.[2] L'évolution organique et naturelle d'une société multiculturelle ne constitue absolument aucune menace existentielle pour la vitalité de la langue française; l'histoire démontre que les langues vivantes s'épanouissent grâce aux échanges ouverts, à l'adaptation et à une participation citoyenne inclusive. Pourtant, l'inclusion constitue une menace directe pour le pouvoir autoritaire. Afin d'empêcher cette évolution démocratique naturelle, l'élite bourbonienne entretient délibérément un état permanent d'hystérie collective.[3] En présentant chaque changement démographique, chaque vague d'immigration ou chaque revendication en faveur de l'équité raciale comme une crise existentielle menaçant l'identité francophone, elle entretient une mentalité d'assiégé.[4] Cette anxiété entretenue par l'État fournit un écran de fumée idéal pour les pratiques autoritaires, permettant à la classe dirigeante de se présenter comme l'unique défenseure d'une nation vulnérable tout en consolidant impitoyablement son propre pouvoir.[5]

Cette classe bourbonienne contemporaine n'est pas un simple fantôme du passé ; c'est un réseau vivant composé de puissants dirigeants politiques, d'élites judiciaires et d'oligarques économiques qui gouvernent avec la ferme conviction que le pouvoir leur revient de droit. Au sommet de cette structure se trouvent des personnalités comme la première ministre Christine Fréchette, dont le gouvernement nie de façon répétée et explicite l'existence du racisme systémique au Québec.[6] Ce faisant, la première ministre Fréchette et les élites qui l'entourent répriment systématiquement l'identité authentique et pluraliste des francophones canadiens d'aujourd'hui.[7] Cette classe dirigeante s'emploie sans relâche à étouffer une vérité historique : depuis le milieu du XVIe siècle, les francophones établis le long du fleuve Saint-Laurent désignaient leur pays non pas comme une enclave ethnique isolée, mais comme le Canada. Les véritables francophones canadiens ont historiquement adhéré à un idéal de liberté, d'égalité et de fraternité dans le Nouveau Monde, un idéal forgé dans la coexistence et l'entraide avec les nations autochtones, puis avec les communautés immigrantes. Aujourd'hui, cet héritage démocratique se manifeste par une préférence symbolique marquée, au sein de la population, pour la feuille d'érable canadienne plutôt que pour la fleur de lys. Alors que la feuille d'érable incarne une fédération moderne, inclusive et tournée vers l'avenir, la fleur de lys est un vestige d'une autre époque : un symbole de la monarchie absolue, de la hiérarchie rigide et de l'impunité des élites.

Pour comprendre les mécanismes sociaux du Québec contemporain, il faut se tourner vers le sud afin d'y trouver un parallèle historique juste. La fleur de lys est l'équivalent canadien du drapeau des États confédérés d'Amérique.[8] Tout comme le drapeau confédéré, la fleur de lys du Québec représente une culture politique correspondante qui cherche à préserver une identité culturelle sélective et exclusive par l'assujettissement explicite des minorités racisées.[9] Plus fondamentalement, ces deux cultures reposent sur un même mécanisme de défense psychologique : elles nient avec vigueur que leur racisme systémique constitue un phénomène négatif, préférant le présenter comme un « héritage », une « culture distincte » ou la « préservation de la nation ».[10] En réalité, au Québec, le racisme et la fleur de lys sont aussi indissociables que les États confédérés d'Amérique et l'institution de la suprématie blanche.[11] Les mêmes vestiges bourboniens qui se présentent comme les défenseurs les plus fervents et les plus radicaux d'une nation québécoise exclusivement associée à la fleur de lys sont, invariablement, les mêmes individus qui perpétuent le racisme systémique depuis les plus hautes sphères du pouvoir à Québec.[12]

En définitive, il appartient à tous les Canadiens — et plus particulièrement aux francophones progressistes — d'écarter ces vestiges bourboniens des postes d'autorité institutionnelle afin d'assurer la survie du Canada.[13] Le Canada ne pourra réaliser son plein potentiel comme nation véritablement unie de francophones, de peuples autochtones et de communautés immigrantes diversifiées qu'en démantelant complètement cet héritage archaïque du féodalisme.[14] La lutte décrite dans les chapitres qui suivent n'est pas un simple débat sur les politiques provinciales;[15] c'est un combat fondamental pour libérer l'esprit égalitaire du Canada de l›emprise d›une élite autoritaire[16] qui utilise le symbole d'une monarchie absolue pour imposer un régime moderne d'injustice raciale.[17]

CHAPITRE 2

Le Québec est une construction sociale — pas une nation

Le paysage géopolitique du Canada contemporain est défini par un dialogue permanent et asymétrique entre deux cadres juridiques et culturels fondamentalement inconciliables. D'un côté se trouve la nation canadienne, unie par les engagements universels et pluralistes de la **Loi constitutionnelle de 1982** et par son aboutissement le plus marquant, la *Charte canadienne des droits et libertés*. De l'autre se trouve l'appareil politique de la province de Québec, une institution qui s'appuie sur un mythe historique fabriqué — comme le démontre le plus clairement le dépôt du projet de loi nº 1, **Loi constitutionnelle de 2025 sur le Québec** — afin de revendiquer une nation organique et autonome.

Soumise à une analyse institutionnelle et économique rigoureuse, cette présentation du Québec comme une entité nationale indépendante et autosuffisante apparaît comme une construction sociale élaborée et artificielle. Loin d'être un État issu d'une destinée culturelle, le Québec contemporain est une zone administrative créée de toutes pièces par l'État. Sa survie en tant qu'autorité politique distincte ne découle ni de son indépendance économique ni d'un consensus universel ; elle repose structurellement sur **30,3 milliards de dollars provenant d'importants transferts fédéraux** financés par les contribuables d'un Canada multiculturel. En l'absence de cette importante stabilisation financière, les mécanismes structurels et les cadres administratifs qui définissent la classe dirigeante du Québec contemporain seraient immédiatement déstabilisés.

Les tensions internes découlant de cette dynamique donnent naissance à une profonde ironie au cœur du fédéralisme canadien. Les mouvements souverainistes et les élites dites « nationalistes » reprochent fréquemment à l'État canadien de ne pas posséder une identité nationale unifiée, tout en présentant le Québec comme la seule véritable nation du pays. Or, un examen critique de l'évolution constitutionnelle du Canada, de son architecture fiscale et de ses tendances démographiques mène à la conclusion inverse : le cadre civique respectueux des droits établi par le Canada constitue une nation fonctionnelle et universellement reconnue, tandis que le projet dit « nationaliste » au Québec fonctionne avant tout comme une construction sociale façonnée par les élites. En adoptant des lois restrictives imposées par l'État en matière de culture et de langue, cette classe dirigeante refermée sur elle-même s'emploie à réprimer les valeurs fondamentales de liberté individuelle, d'égalité devant la loi et de pluralisme multiculturel qui caractérisent le reste du Canada.[18]

La genèse du Saint-Laurent : la véritable nationalité canadienne

Pour comprendre pourquoi le projet souverainiste constitue une construction artificielle, il faut retracer la véritable origine du mot et du concept de « Canada ». Les valeurs communes qui animent le Québec contemporain et le reste du Canada ne sont pas divergentes; elles sont structurellement identiques parce qu'elles procèdent d'une seule et même source historique. Depuis le XVIe siècle, des francophones ont établi des communautés le long du fleuve Saint-Laurent, jetant ainsi les bases géographiques et culturelles du Canada.

Cette identité canadienne fondatrice ne s'est pas formée dans le vide d'un isolement européen. Elle s'est forgée grâce à une genèse unique dans le Nouveau Monde — une profonde fusion culturelle et des interactions étroites entre les premiers colons francophones et les communautés autochtones qui peuplaient déjà le territoire. De cette synthèse historique a émergé un sentiment de nationalité canadienne distinct, adaptable et durable, enraciné dans la coexistence, la résilience et un rapport commun au territoire. Les valeurs canadiennes contemporaines de pluralisme, d'accommodement mutuel et d'un cadre civique fondé sur les droits sont les descendantes directes de cet héritage originel du Saint-Laurent.

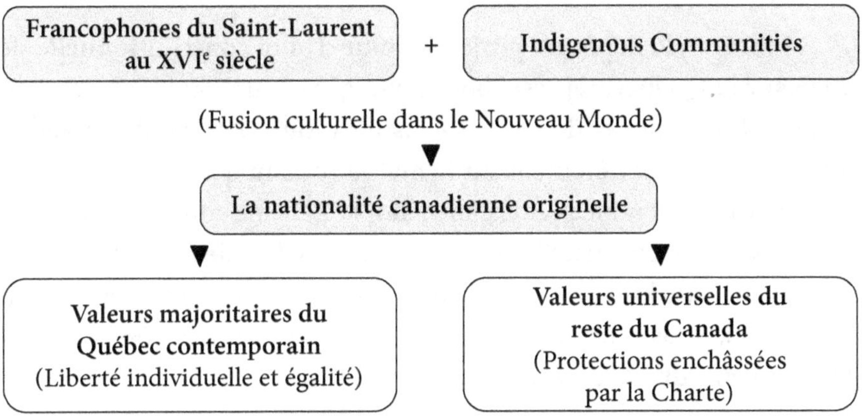

Par conséquent, les valeurs quotidiennes de la majorité des Québécois contemporains demeurent profondément alignées sur celles de leurs concitoyens canadiens. Le mouvement séparatiste repose toutefois sur une tromperie historique consciente visant à dissimuler cette filiation commune. En effaçant la genèse historique commune de la nationalité canadienne, les élites brandissant la fleur de lys cherchent à fabriquer une division artificielle là où existe une unité organique, tentant de couper les francophones du Québec de leur héritage légitime en tant qu'architectes fondateurs de la nation canadienne.[19]

Deux constitutions, deux destinées : le mythe de la manifestation

Une différence fondamentale entre la **nation civique canadienne** et l'identité provinciale fabriquée du Québec réside dans leurs textes constitutionnels fondateurs respectifs. La **Loi constitutionnelle de 1982** a obtenu un vaste appui à l'échelle du Canada parce qu'elle consacrait une vision universelle des libertés individuelles, des protections juridiques et de la diversité multiculturelle. Elle a établi un pacte civique moderne, garantissant que le pouvoir de l'État demeure en permanence subordonné aux droits fondamentaux de la personne, sans égard à la langue, à l'origine ethnique ou aux croyances des citoyens.

À l›inverse, le dépôt du **projet de loi n° 1, Loi constitutionnelle de 2025 sur le Québec**, représentait un virage vers un paradigme constitutionnel insulaire et défensif. La justification politique du projet de loi n° 1 reposait entièrement sur le mythe voulant que cette loi décrive une nation souveraine préexistante, alors qu'elle ne constitue en réalité qu'une série de constructions législatives provinciales à portée locale. En élevant cette loi au rang de vérité nationale sacrée, le gouvernement cherche à la soustraire aux mécanismes normaux de contrôle et d'équilibre qui encadrent l'examen des lois provinciales.

BOUSSOLE CANONIQUE DU CANADA	
LOI CONSTITUTIONNELLE DE 1982	**PROJET DE LOI N° 1 DU QUÉBEC (2025)**
• Droits individuels universels • Contrôle judiciaire enchâssé • Pluralisme multicentrique	• Droits fondés sur une idéologie raciste • Réparation autoritaire • Mythe de la manifestation de la nationalité

Les éléments autoritaires du projet de loi n° 1 ont suscité des critiques immédiates et généralisées de la part d'une vaste coalition d'organismes juridiques nationaux, d'organisations de défense des droits civiques et d'instances internationales de surveillance. Un mécanisme particulièrement préoccupant de cette loi était son interdiction explicite faite aux organismes publics financés par l'État d'utiliser leurs ressources financières pour contester des lois provinciales devant les tribunaux. Le **Barreau du Québec** a vivement dénoncé cette disposition, soulignant qu'empêcher des groupes vulnérables d'avoir accès aux tribunaux pour défendre leurs droits fondamentaux constitue un exercice intrinsèquement autoritaire du pouvoir législatif.[20]

En outre, des instances internationales de défense des droits de la personne, notamment **Amnesty International**, ont publié des mises en garde officielles affirmant que le projet de loi n° 1 portait directement atteinte à la primauté du droit et violait les engagements internationaux du Canada découlant de ses traités en restreignant l'accès à la justice et en refusant aux communautés minoritaires une protection égale devant la loi. En cherchant à soustraire la législation provinciale au contrôle judiciaire et à l'examen au regard de la Charte canadienne des droits et libertés, sous le couvert d'une « manifestation nationale » présentée comme incontestable, les auteurs de la Loi de 2025 ont démontré que leur conception de la « nation » constitue une construction juridique artificielle qui repose sur la coercition étatique et l'évitement narratif plutôt que sur un consensus démocratique pour maintenir son autorité.

La tromperie institutionnalisée : le programme d'histoire de secondaire 5 et la propagande scolaire.

Pour maintenir une construction sociale à travers les générations, une classe dirigeante doit contrôler le récit historique. Au Québec, cela s'effectue par l'entremise du programme d'enseignement imposé par l'État. Le ministère provincial de l'Éducation conçoit les programmes d'histoire du secondaire, notamment ceux destinés aux niveaux supérieurs, afin de promouvoir un passé réécrit autour d'un récit fondé sur les ressentiments.

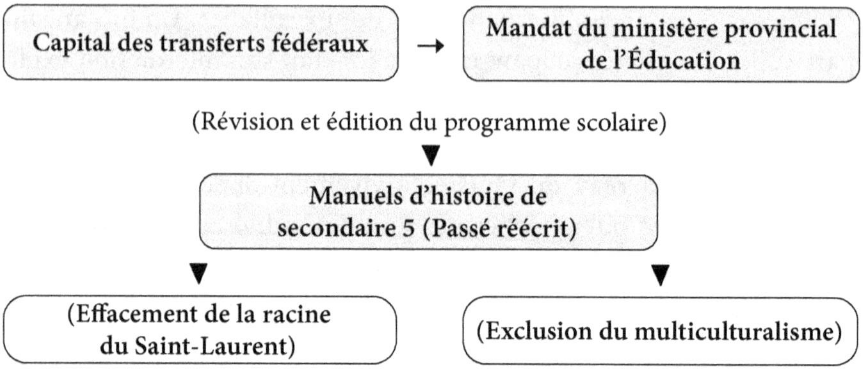

Ces programmes secondaires effacent volontairement la racine commune du Saint-Laurent à l'origine de la nationalité canadienne. Les manuels scolaires ne décrivent pas la genèse du Québec comme une coopération entre les colons français, les peuples autochtones, les personnes noires réduites en esclavage et les autres communautés immigrantes ayant contribué aux fondements du pluralisme canadien moderne. Ils présentent plutôt une chronologie sélective d'une victimisation perpétuelle des francophones sous les structures britanniques puis, plus tard, fédérales.[21]

Le programme minimise explicitement la dépendance financière de la province, dissimulant l'influence stabilisatrice des transferts canadiens provenant des citoyens. En excluant systématiquement les réalisations multicentriques et multiculturelles du Canada moderne du programme scolaire, l'élite néobourbonienne utilise la salle de classe pour fabriquer la conformité. Cette propagande institutionnalisée conditionne les étudiants à considérer les politiques d'exclusion du construit social québécois comme une nécessité défensive plutôt que comme un stratagème visant à préserver une structure élitiste fermée.

La bouée de sauvetage fiscale : les transferts fédéraux et la préservation des élites

L'ensemble du cadre administratif de l'appareil québécois de simulation nationale est financièrement soutenu par un système complexe de transferts fédéraux. Pour l'exercice financier 2026-2027, le Québec devrait recevoir un total de **30,3 milliards de dollars en importants transferts fédéraux**, une injection massive de capitaux comprenant la péréquation, le Transfert canadien en matière de santé (TCS) et le Transfert canadien en matière de programmes sociaux (TCPS).

Ce transfert financier de 30,3 milliards de dollars crée un profond paradoxe. Les fonds sont générés par les contribuables de l'ensemble de la fédération canadienne — soutenue en grande partie par des provinces riches en ressources comme l'Alberta — et administrés par un gouvernement fédéral engagé envers une société multiculturelle et multicentrique. Pourtant, ces milliards sont utilisés par les élites dirigeantes du Québec pour financer une bureaucratie provinciale parallèle et tentaculaire qui restreint activement ces mêmes valeurs multiculturelles, les conteste et mène des campagnes contre celles-ci.[22]

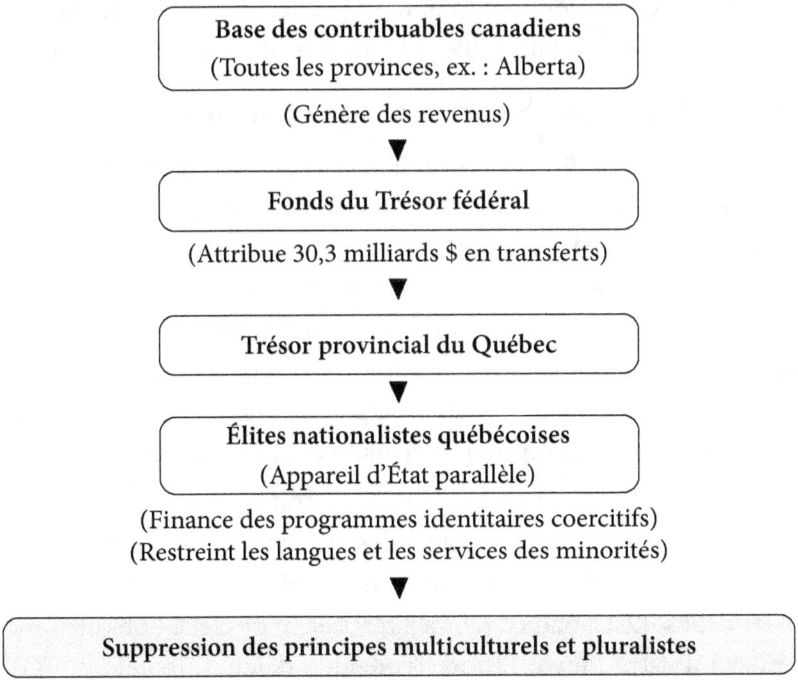

Sans ce fonds annuel de stabilisation fédéral de 30,3 milliards de dollars, les structures sociales-démocrates et bureaucratiques étendues qui projettent une image de « nationalité » indépendante feraient face à une insolvabilité immédiate. L'appareil d'État provincial dépend de ces transferts pour maintenir artificiellement des secteurs économiques non compétitifs, subventionner largement les services publics et s'isoler des réalités du marché. Cette dynamique permet à une cabale de juges, de politiciens et d'élites économiques québécoises de maintenir artificiellement l'opération raciste essentielle du Québec en tant que « société distincte » en devenir.

Si cette bouée de sauvetage fiscale était supprimée, les élites politiques ayant rédigé des instruments d'exclusion comme la *Loi constitutionnelle de 2025 sur le Québec* perdraient leur levier matériel pour gouverner. La façade économique d'un État autonome et autosuffisant s'effondrerait, révélant la véritable position du Québec : une province sous-nationale fortement dépendante dont le projet identitaire dirigé par les élites est entièrement soutenu par les ressources de la société canadienne dans son ensemble, à laquelle elle s'oppose politiquement.

L'ironie de la souveraineté : le Canada comme véritable nation

Une tactique rhétorique utilisée depuis longtemps par les mouvements séparatistes et « nationalistes » du Québec consiste à présenter le Canada comme un arrangement politique fragmenté et artificiel, dépourvu d'un véritable noyau national, tout en présentant le Québec comme une nation authentique et historiquement unifiée. Toutefois, l'évaluation empirique des deux sociétés révèle une ironie claire : c'est le Canada qui fonctionne comme une véritable nation, tandis que le Québec opère comme une construction sociale étroitement administrée.[23]

Un État-nation classique et viable se définit par sa capacité à intégrer des populations diverses dans une identité civique commune, évolutive et fondée sur la participation volontaire, la liberté individuelle et l'égalité des droits. Le Canada a réussi à réaliser ce modèle. Lorsque l'ancien premier ministre **Pierre Elliott Trudeau** a défendu l'intégration de la *Charte canadienne des droits et libertés* ainsi qu'une politique fédérale officielle de multiculturalisme, il a donné une expression juridique formelle à des valeurs profondément enracinées dans l'histoire du pays.

Cette vision inclusive et pancanadienne correspond directement aux idéaux originels des premiers pionniers canadiens-français. Lorsque la **Société Saint-Jean-Baptiste** a initialement choisi la feuille d'érable comme symbole culturel au XIXe siècle, celle-ci était conçue comme un emblème de fierté, de liberté et de coopération pour tous les francophones au sein d'un vaste territoire nordique pluraliste et collaboratif. Le cadre constitutionnel de Trudeau a officialisé cet héritage, garantissant que la culture et la langue canadiennes-françaises puissent prospérer partout au pays, protégées par des garanties constitutionnelles enchâssées plutôt qu'isolées derrière des frontières provinciales restrictives.

À l›extérieur du Québec, environ **992 000 à 1 million de personnes** conservent le français comme première langue officielle parlée (PLOP), selon Wikipédia. Des estimations provenant également de Wikipédia indiquent qu'environ **2 à 2,4 millions de résidents américains** revendiquent une ascendance canadienne-française, dont environ1,3 million d'Américains déclarent parler français à la maison. L'identité francophone canadienne est loin d'être aussi fragile que le prétendent les élites québécoises qui ont cherché à réprimer le bilinguisme et le multiculturalisme, ce qui explique pourquoi elles continuent de prétendre que ces populations francophones n'existent pas. En effet, la politique canadienne du multiculturalisme a permis aux francophones et aux communautés issues d'autres groupes linguistiques de maintenir leur identité linguistique au fil des générations grâce au soutien de programmes gouvernementaux favorisant la préservation des langues.

LE PARADOXE ÉVOLUTIONNAIRE DE TRUDEAU
• **L'avant-garde francophone du XIXe siècle :** crée des symboles de liberté expansive (feuille d'érable, Société Saint-Jean-Baptiste) destinés à un vaste continent. • **Le syncrétisme constitutionnel de Trudeau (1982) :** consacre les droits universels, le multiculturalisme et les protections linguistiques à l'échelle nationale. • **Le nationalisme provincial moderne :** réduit l'identité à une zone administrative imposée par des mandats juridiques rigides et une logique frontalière d'exclusion.

En contraste marqué, les dirigeants du Québec contemporain prônent une identité imposée d'en haut par l'État. Plutôt que de favoriser un développement culturel organique, la classe politique québécoise utilise le pouvoir législatif pour restreindre les choix individuels, imposer une conformité linguistique et supprimer la diversité. En rejetant le multiculturalisme et en traitant les langues et les cultures minorisées comme des menaces existentielles, ces élites repliées sur elles-mêmes révèlent que leur conception de la « nation » est fragile et peu compétitive.[24]

Elle ne peut survivre dans un environnement ouvert et mondialisé sans une intervention constante de l'État et une coercition juridique. Par conséquent, la véritable nation résiliente est le Canada — un pays dont l'identité est suffisamment forte pour intégrer la diversité mondiale. À l'inverse, le Québec demeure une construction dirigée par les élites, dépendante des ressources canadiennes tout en utilisant la législation provinciale pour imposer une monoculture artificielle.

L'éveil démographique : la migration francophone et l'aliénation régionale

Les changements démographiques qui s'opèrent au Canada démontrent clairement que de nombreux citoyens ordinaires rejettent le modèle de société restrictif et replié sur lui-même promu par les élites dirigeantes du Québec. Un nombre croissant de francophones choisissent de quitter le Québec pour s'établir dans d'autres régions du Canada, en particulier dans les grands centres urbains dynamiques de l'Ontario, de l'Alberta et de la Colombie-Britannique.

Ce mouvement migratoire interne met en lumière une réalité sociolinguistique importante : les Canadiens francophones reconnaissent de plus en plus que les lois linguistiques restrictives et les politiques civiques d'exclusion mises en œuvre par les élites provinciales ne sont pas nécessaires pour protéger ou préserver une identité francophone dynamique. Ils constatent plutôt que leur langue, leur culture et leur bien-être économique peuvent s'épanouir dans une société libre, ouverte et multiculturelle qui privilégie les liens avec le monde plutôt que le nationalisme ethnique.[25]

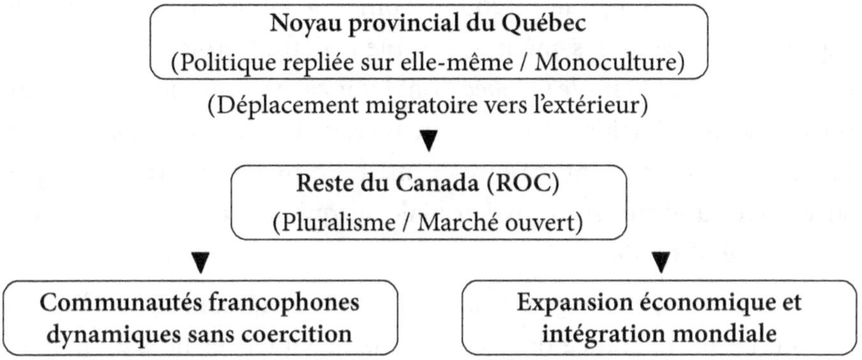

Parallèlement, les mécanismes fiscaux nécessaires au maintien de l'importante bureaucratie provinciale du Québec ont créé d'importantes tensions politiques au sein de la fédération, particulièrement dans les provinces de l'Ouest, comme l'Alberta. La redistribution continue de la richesse tirée des ressources vers **le fonds fédéral de transferts de30,3 milliards de dollars** a alimenté un sentiment compréhensible d'aliénation régionale chez les Canadiens de l'Ouest.

Les Albertains voient leur productivité économique systématiquement détournée par le gouvernement fédéral afin de subventionner une administration provinciale qui adopte régulièrement des lois discriminatoires, freine l'intégration économique et s'oppose au développement des ressources naturelles. Cette dynamique dysfonctionnelle récompense une élite provinciale dépendante au Québec qui maintient des pratiques budgétaires insoutenables, tout en pénalisant les provinces ouvertes et économiquement compétitives qui génèrent la richesse nécessaire. Cette répartition inégale mine les principes fondamentaux d'équité et de respect mutuel sur lesquels repose la fédération canadienne.

La cabale néobourbonienne et la tromperie de masse

Pour comprendre pourquoi les dirigeants politiques du Québec persistent dans un projet identitaire coûteux et profondément diviseur, il faut analyser les intérêts de classe étroits de ses élites dirigeantes. La soi-disant « nation québécoise » glorifiée par ces élites n'est rien de plus qu'un projet idéologique « néobourbonien ». Les architectes des politiques repliées sur elles-mêmes, comme le défunt projet de *Loi constitutionnelle de 2025 sur le Québec*, sont les incarnations modernes d'une oligarchie de l'Ancien Monde : un réseau d'initiés spécialisés et de familles influentes dont le pouvoir institutionnel remonte, par vagues successives d'administration coloniale, jusqu'à la Nouvelle-France et à la Confédération de 1867.[26]

Ces « bourbonistes » ressemblent aux réactionnaires de l'histoire qui ont perdu la France dans une vague de violences liées au mouvement démocratique. Incapables de réussir dans le monde moderne et ouvert, ils cherchent à utiliser les frontières administratives du Québec pour « réimaginer » et recréer leur gloire aristocratique perdue. Leur projet exige de manipuler les francophones canadiens du Québec afin de peupler un État contrôlé, façonné à l'image de leurs propres valeurs autoritaires et d'exclusion. Ces valeurs ne reflètent pas les véritables aspirations de la majorité francophone, attachée aux libertés héritées du Nouveau Monde.

LE MOTEUR DE L'APPAREIL NÉOBOURBONIEN
1. EXTRACTION DES RICHESSES : Puise des milliards grâce aux transferts fédéraux complices.
2. EXPANSION BUREAUCRATIQUE : Affecte les fonds à la protection des élites de l'État.
3. LE SPECTACLE : Finance de grands festivals afin de simuler une prospérité organique.
4. LÉGISLATION COERCITIVE : Utilise des interdictions linguistiques pour bloquer la concurrence.

Parce que leur modèle économique restrictif, tourné vers le passé, est incapable de générer une richesse véritable et autosuffisante dans une économie mondialisée moderne, ces élites doivent recourir à une stratégie à deux volets fondée sur l'extraction fiscale et la diversion du public.

1. **La stratégie de séduction et d'extraction :** elle repose sur un gouvernement fédéral complice qui extrait **30,3 milliards de dollars** du reste du Canada. Les élites utilisent cet argent pour séduire les francophones du Québec et les amener à croire, à tort, que leur vision repliée sur elle-même et exclusive de la société est économiquement viable. En réalité, il s'agit d'une supercherie soutenue par une cabale restrictive incapable de survivre par ses propres moyens.[27]
2. **La stratégie de diversion :** les élites investissent des millions de dollars provenant des transferts fédéraux dans un réseau dynamique de festivals publics, d'événements culturels et de grands spectacles, largement subventionné par l'État.

Ces festivals d'été et d'hiver de renommée mondiale ne sont pas de simples célébrations spontanées de la culture populaire. Dans le cadre du projet identitaire des élites, ils servent d'instruments de propagande. Il s'agit de spectacles publics soigneusement orchestrés afin de projeter l'illusion d'une prospérité généralisée, d'une domination culturelle et d'une réussite nationale placées sous la direction de l'État provincial.

En plongeant le public dans un cycle continu de célébrations financées par l'État, les élites dirigeantes entretiennent un faux sentiment de prospérité chez les Québécois ordinaires. Cette diversion masque les profondes faiblesses structurelles, la faible productivité et la stagnation économique engendrées par leurs politiques non compétitives. Ce grand déploiement culturel agit comme un écran de fumée, détournant l'attention du public de la gouvernance restrictive, du manque d'occasions et des biais systémiques d'une classe dirigeante dépendante qui ferait face à un effondrement économique immédiat sans l'appui financier de la fédération canadienne.[28]

Démanteler la construction

Le dépôt du défunt projet de *Loi constitutionnelle de 2025 sur le Québec* constitue un moment révélateur pour la fédération canadienne. Il expose le projet nationaliste québécois contemporain pour ce qu'il est réellement : une construction sociale artificielle dirigée par les élites, qui s'appuie sur le mythe narratif de la manifestation nationale afin d'entretenir la fragile illusion d'une nation indépendante. Ce paradigme replié sur lui-même et défensif contraste fortement avec la nation ouverte, multiculturelle et respectueuse des droits que le Canada a su établir grâce à la *Loi constitutionnelle de 1982.*

La survie de cet appareil identitaire provincial dépend entièrement de **la bouée de sauvetage financière annuelle de 30,3 milliards de dollars** fournie par la société canadienne multiculturelle qu'il attaque pourtant sur le plan politique. Cette injection continue de capitaux fédéraux permet à une classe dirigeante non compétitive d'échapper aux réalités économiques, de récompenser ses initiés politiques et de masquer la stagnation structurelle derrière des spectacles culturels subventionnés par l'État.

À mesure que les francophones ordinaires continuent de voter avec leurs pieds en s›établissant dans des régions ouvertes, dynamiques et pluralistes du Canada, les contradictions fondamentales de ce projet provincial replié sur lui-même deviennent impossibles à ignorer. Pour que le Canada puisse s›épanouir en tant que fédération juste, cohésive et unie, il doit s›attaquer à ce déséquilibre structurel. Le gouvernement fédéral doit cesser de favoriser cette stratégie politique divisive et démanteler les mécanismes fiscaux non compétitifs qui permettent à une élite provinciale dépendante d›exploiter les ressources canadiennes afin de s›en prendre aux valeurs fondamentales du Canada.

CHAPITRE 3

Le premier ministre, le juge en chef de la Cour supérieure et un chef de police

L'architecture de l'exclusion systémique est rarement construite uniquement par une malveillance explicite ; le plus souvent, elle est entretenue par le luxe discret du déni, la préservation rigide du pouvoir institutionnel et le refus, chez ceux qui occupent le sommet de la société, de voir la mécanique qui fonctionne pourtant sous leurs yeux. Au Québec, cette architecture converge vers trois épicentres essentiels de l'autorité publique : le pouvoir exécutif, la hiérarchie judiciaire et la haute direction des services policiers. Lorsque le premier ministre, le juge en chef et les plus hauts dirigeants policiers refusent de reconnaître ou d'affronter les obstacles structurels qui limitent les possibilités des citoyens racisés, ils ne se contentent pas de préserver le statu quo : ils envoient activement le message que le déni des possibilités constitue un coût acceptable de la stabilité institutionnelle.

Pour comprendre comment le racisme systémique fonctionne au sein de la province, il faut regarder au-delà des actes individuels de discrimination et s'intéresser plutôt aux mécanismes administratifs qui régissent la vie quotidienne. Les possibilités d'avancement économique, l'équité devant la loi et la sécurité personnelle sont façonnées par les décisions prises dans les sphères du pouvoir. Lorsque les dirigeants adoptent une posture de déni, ces obstacles structurels se renforcent, transformant ce qui devrait être des voies publiques d'avancement en couloirs fermés d'exclusion.

Le pouvoir exécutif : la rhétorique du déni

Le refus des plus hauts dirigeants politiques du Québec de reconnaître le terme « racisme systémique » constitue depuis longtemps un obstacle fondamental à toute réforme structurelle véritable. En présentant le racisme uniquement comme un ensemble de défaillances morales individuelles et isolées, plutôt que comme une réalité institutionnelle profondément enracinée, le pouvoir exécutif protège efficacement les institutions publiques contre des examens institutionnels approfondis susceptibles d'entraîner de véritables transformations. Cette posture rhétorique ne constitue pas un simple débat de sémantique ; elle entraîne des conséquences immédiates et concrètes sur le financement, l'élaboration des politiques publiques et la répartition des possibilités socioéconomiques.[29]

LA BOUCLE DE RÉTROACTION RHÉTORIQUE
Déni politique de la notion de « racisme systémique » → Rejet du financement fédéral ciblé en matière d'équité → Maintien de pratiques d'embauche non examinées → Maintien d'obstacles à l'avancement des minorités

Ce déni venu d'en haut se manifeste dans plusieurs secteurs clés de l'administration publique, limitant les possibilités et renforçant l'exclusion :

1. **La fonction publique et le recrutement dans le secteur public :** Malgré l'existence, sur papier, de programmes d'équité en matière d'emploi, les candidats racisés demeurent largement sous-représentés dans les postes supérieurs de l'administration et de la prise de décision au sein de la bureaucratie provinciale. En refusant de procéder à

des audits structurels approfondis, le gouvernement ne voit pas comment les réseaux traditionnels de recrutement, les formats d'entrevue non normalisés ainsi que des critères linguistiques et de reconnaissance des qualifications particulièrement rigides agissent comme des mécanismes modernes de filtrage.

2. **La suppression de la collecte des données :** L'un des piliers du déni systémique est la réticence à recueillir des données raciales désagrégées dans les domaines de la santé, de l'éducation et de l'emploi. En l'absence de données précises et faisant autorité permettant de mesurer les inégalités, les groupes de défense des droits sont privés des indicateurs officiels nécessaires pour obtenir des changements législatifs, ce qui permet aux institutions d'invoquer l'absence de preuves statistiques comme démonstration d'une équité absolue.
3. **L'effet paralysant sur la culture des entreprises et des institutions** : Lorsque la plus haute autorité politique de la province affirme que le système est équitable, les organisations publiques comme privées reçoivent implicitement le signal qu'elles peuvent reléguer au second plan les initiatives en matière de diversité, d'équité et d'inclusion. Cette situation freine la progression professionnelle des personnes qualifiées issues des minorités, dont l'avancement est limité par des normes organisationnelles non écrites et par une réticence institutionnelle à représenter pleinement la diversité de la population québécoise.[30]

Préserver le mythe de la neutralité judiciaire

Si le pouvoir exécutif fournit la couverture idéologique de l'inertie institutionnelle, la hiérarchie judiciaire agit souvent comme l'ancrage structurel qui la préserve. Les tribunaux sont, en théorie, conçus pour être les arbitres ultimes de l'équité ; pourtant, l'appareil judiciaire québécois a historiquement eu du mal à s'examiner lui-même. Le mythe de la neutralité judiciaire absolue repose sur l'hypothèse selon laquelle les juges, les procureurs et les administrateurs des tribunaux agissent indépendamment des préjugés dominants de la société qui les a façonnés.

Lorsque les plus hautes instances judiciaires refusent d'intégrer des cadres d'analyse systémiques à leursanalyses juridiques, les tribunaux deviennent un lieu où les désavantages historiques sont renforcés plutôt que corrigés. Depuis des décennies, le recours à une interprétation étroite de l'intention individuelle dans les affaires de discrimination rend extrêmement difficile pour les demandeurs de démontrer l'existence d'un biais systémique. Aux yeux du droit, tant qu'un acte explicite et documenté d'animosité raciale ne peut être attribué à un auteur identifiable, l'institution est dégagée de toute responsabilité.

LES OBSTACLES À L'ÉQUITÉ DANS LES TRIBUNAUX
• Accent mis sur l'intention individuelle démontrée plutôt que sur les effets systémiques • Forte sous-représentation des juges racisés au sein de la magistrature • Rejet des outils de détermination de la peine fondés sur la réalité raciale (p. ex., les IRCA)

Ce point aveugle structurel est encore aggravé par la réalité démographique de la magistrature elle-même. La grave sous-représentation des juges noirs, autochtones et racisés au sein des cours supérieures et d'appel du Québec fait en sorte que les expériences vécues des personnes marginalisées sont rarement reflétées dans les délibérations judiciaires. Cette absence de représentation descriptive influence la manière dont la crédibilité est évaluée, dont les facteurs contextuels sont pris en compte au cours des procès et dont les disparités dans les peines persistent sans être corrigées.[31]

En refusant de formaliser des outils d'évaluation présentencielle qui tiennent explicitement compte du contexte socioéconomique et racialisé d'une personne, le système de justice traite des accusés en situation d'inégalité comme s'ils se trouvaient sur un pied d'égalité absolue, garantissant ainsi un résultat inégal.

Le chef de police : l'opérationnalisation des préjugés

L'intersection la plus immédiate, la plus visible et la plus explosive entre l'État et les communautés racisées se manifeste dans la rue, où interviennent les forces de l'ordre. Le rôle du « chef de police » — entendu comme la direction collective des corps policiers de la province, notamment le Service de police de la Ville de Montréal (SPVM) — est déterminant dans la perturbation ou l'institutionnalisation des pratiques discriminatoires. Malgré une succession de rapports indépendants, d'études universitaires et de décisions judiciaires confirmant que les citoyens noirs et arabes font l'objet d'interpellations à des taux disproportionnellement élevés, les dirigeants policiers ont fréquemment alterné entre des manœuvres défensives de diversion et des campagnes de relations publiques superficielles.

Domaine d'intervention policière	**Répercussions documentées sur les communautés marginalisées**	**Réponse institutionnelle de la direction policière**
Contrôles de rue et contrôles routiers	Les conducteurs noirs et arabes sont de quatre à cinq fois plus susceptibles d'être interceptés sans motif valable.	Refus d'interdire complètement les contrôles aléatoires, en invoquant des impératifs opérationnels.
Reddition de comptes interne	Les lanceurs d'alerte sont confrontés à l'isolement social, au plafonnement de leur carrière et à des menaces de représailles internes.	Recours au service des affaires internes plutôt qu'à un organisme de surveillance pleinement indépendant.
Avancement professionnel	Les policiers racisés sont concentrés de manière disproportionnée dans les fonctions de patrouille et se heurtent à un important ralentissement de leur progression à partir du grade d'inspecteur.[32]	Nominations symboliques au sein des comités sur la diversité, sans transfert réel de ressources budgétaires ni de pouvoir opérationnel.

L'incapacité de la direction policière à éliminer ces pratiques découle d'une volonté institutionnelle profondément enracinée de protéger le moral des policiers et de préserver l'autonomie opérationnelle traditionnelle. Lorsque le « chef de police » attribue les schémas systémiques à quelques « pommes pourries », il fait abstraction de la manière dont les quotas de déploiement, les algorithmes de police prédictive et les cultures informelles des postes de police récompensent activement le recours excessif aux interventions policières dans les quartiers racisés.

Il en résulte un double déni des possibilités : d'une part, les citoyens sont privés de leur droit fondamental de circuler librement dans les espaces publics sans craindre une détention arbitraire; d'autre part, les policiers racisés favorables à la réforme sont privés de l'appui institutionnel nécessaire pour transformer la culture policière de l'intérieur.

LE PARADOXE DE LA SURINTERVENTION ET DE LA SOUS-INTERVENTION POLICIÈRES
1. SURINTERVENTION POLICIÈRE : Surveillance intensive, interpellations fréquentes et verbalisation excessive pour des infractions mineures. 2. SOUS-INTERVENTION POLICIÈRE : Temps de réponse lents aux situations d'urgence et traitement désinvolte des victimes d'actes criminels.

La synergie de l'exclusion : comment les trois piliers s'articulent

La véritable force de l'exclusion systémique réside dans sa nature interconnectée et autoentretenue. Le premier ministre, le juge en chef et le chef de police ne fonctionnent pas en vase clos ; leurs postures institutionnelles forment une boucle défensive continue qui neutralise les appels à la reddition de comptes structurelle.[33]

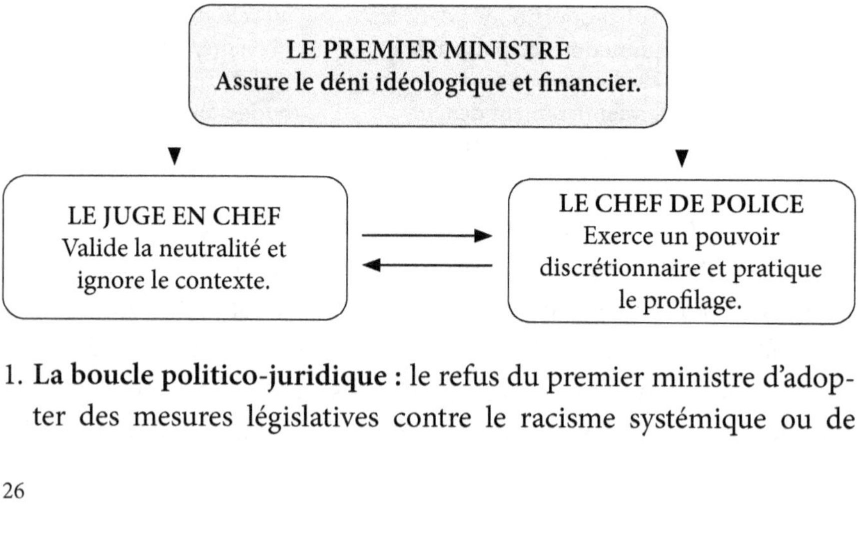

1. **La boucle politico-juridique :** le refus du premier ministre d'adopter des mesures législatives contre le racisme systémique ou de

financer des cadres juridiques tenant compte de la réalité raciale confère à la hiérarchie judiciaire un mandat clair de maintenir des interprétations traditionnelles de la loi qui se veulent neutres à l'égard de la couleur de peau. En retour, les décisions judiciaires qui n'imputent aucune responsabilité aux acteurs de l'État pour les biais systémiques offrent aux dirigeants politiques la couverture nécessaire pour prétendre que les systèmes juridique et administratif de la province fonctionnent parfaitement.

2. **La boucle juridico-opérationnelle :** lorsque les tribunaux imposent un seuil de preuve extrêmement élevé pour établir le profilage racial, les dirigeants policiers savent que très peu d'interventions sur le terrain donneront lieu à des poursuites fructueuses ou à des sanctions administratives. Cette indulgence judiciaire permet aux corps policiers de préserver des pratiques d'application de la loi discrétionnaires et agressives sous le couvert de la prévention de la criminalité.
3. **La boucle opérationnelle-politique :** le pouvoir exécutif s'appuie sur la direction policière pour maintenir l'ordre et projeter une image de sécurité publique, ce qui rend les dirigeants politiques particulièrement sensibles aux pressions syndicales et réticents à imposer une surveillance civile indépendante rigoureuse. Lorsque les chefs de police minimisent les problèmes systémiques, ils valident le discours politique du premier ministre selon lequel la province ne souffre pas d'une discrimination structurelle profondément enracinée.[34]

Démanteler les piliers : les voies vers une équité structurelle

Briser ce cycle de déni et d'exclusion exige de dépasser la simple représentation symbolique et de s'orienter vers des réformes structurelles contraignantes qui empêchent les institutions de se soustraire à leurs responsabilités.

Mandats législatifs et financement dissocié

Le pouvoir exécutif doit passer d'une posture de débat sémantique à une posture de reddition de comptes législative. Cela comprend l'adoption d'un cadre provincial officiel en matière d'équité qui définit explicitement et impose l'élimination de la discrimination systémique au sein de tous les organismes publics. De plus, la province doit participer aux initiatives nationales de collecte de données et accepter des financements spécialisés visant à intégrer des évaluations du contexte social, économique et culturel dans l'administration des services publics.

Diversification judiciaire et jurisprudence contextuelle

Pour que les tribunaux abandonnent leur rôle de protecteurs du statu quo, le processus de nomination des juges doit être modernisé afin de réduire activement la sous-représentation historique. Ce changement structurel doit être accompagné d'une formation obligatoire et continue des juristes sur les biais systémiques, la sociologie du droit et l'histoire particulière des groupes marginalisés au sein de la province. Sur le plan juridique, les normes de preuve doivent évoluer afin de reconnaître que les effets discriminatoires peuvent être démontrés par des tendances statistiques et des résultats institutionnels.

Surveillance indépendante et désescalade opérationnelle

La direction policière doit perdre son monopole sur la discipline interne et la reddition de comptes. Une véritable réforme exige le transfert des pouvoirs d'enquête et disciplinaires à des organismes de surveillance civile totalement indépendants dont les conclusions ont une force obligatoire sur le plan juridique. Sur le plan opérationnel, les corps policiers doivent éliminer les indicateurs de performance liés aux interceptions arbitraires et aux contrôles de rue, en réorientant les budgets vers des services de santé mentale, de logement et de soutien social dirigés par les communautés afin de s'attaquer aux causes profondes de l'instabilité systémique.

Au-delà de l'architecture du déni

Le premier ministre, le juge en chef de la Cour supérieure et le « chef de police » — c'est-à-dire le ministère de la Justice et le procureur général du Québec — détiennent les clés des institutions les plus puissantes de la province. Tant qu'ils utiliseront ce pouvoir pour protéger les accès contre les critiques structurelles, le déni des possibilités demeurera une barrière invisible, mais insurmontable, pour des millions de citoyens. La véritable équité ne s'obtient pas en attendant que ceux qui détiennent le pouvoir reconnaissent généreusement leurs propres lacunes ; elle se construit en réformant les lois, les lignes directrices et les structures de reddition de comptes afin que la justice ne dépende plus de la volonté des dirigeants de reconnaître le problème.

CHAPITRE 4

Le véritable désir de « laïcité » des élites québécoises

Lorsque la Révolution tranquille a rapidement démantelé l'emprise institutionnelle de l'Église, elle n'a pas éliminé la structure sociale sous-jacente qui favorisait une élite unique et autoritaire. Au contraire, l'État lui-même a absorbé ces responsabilités. La critique moderne de la laïcité québécoise soutient que les élites politiques et judiciaires n'ont pas réellement décentralisé le pouvoir; elles ont plutôt remplacé le catholicisme traditionnel par une « religion civile » rigide. Dans ce cadre, la neutralité de l'État se transforme en une idéologie absolue, et les administrateurs de l'État agissent comme un clergé séculier dont les décisions concernant l'identité, la langue et l'ordre public sont protégées contre toute critique externe.

De l'absolutisme clérical à la laïcité d'État

La transition d'une société dominée par l'Église vers un État hyper-sécularisé est essentielle pour comprendre le tribalisme du Québec moderne, aussi appelé « nationalisme ». La Révolution tranquille cherchait à émanciper les Québécois francophones de la subordination économique au capital anglophone et de la subordination sociale à la hiérarchie catholique. Toutefois, le mécanisme choisi pour cette émancipation fut une expansion massive de l'appareil d'État provincial.[35]

Comme l'ont souligné les sociologues, lorsqu'une population traverse une sécularisation rapide après des générations de conditionnement religieux intense, le cadre psychologique et structurel de « l'orthodoxie » persiste souvent. Au Québec, l'identité collective est passée de la *survivance* (la survie par l'intermédiaire de l'Église) à un nationalisme dirigé par l'État. L'État est devenu le principal véhicule de préservation de la langue française et du tribalisme québécois se présentant sous les traits du « nationalisme ». Par conséquent, la vénération autrefois exigée par le clergé a été redirigée vers les institutions du gouvernement provincial.

Cet héritage structurel aide à expliquer l'adoption de la **Loi 21** (*L-0.3 — Loi sur la laïcité de l'État*). À première vue, la loi affirme quatre piliers :[36]

1. La séparation de l'État et des religions
2. La neutralité religieuse de l'État
3. L'égalité de tous les citoyens
4. La liberté de conscience et de religion

Cependant, en interdisant aux employés de l'État occupant des postes d'autorité — notamment les enseignants, les policiers et les juges — de porter des signes religieux visibles, l'État exige essentiellement que les individus se dépouillent de leurs appartenances spirituelles externes afin de démontrer une soumission totale à l'État séculier. Les critiques soutiennent qu'il ne s'agit pas d'une véritable neutralité, mais plutôt de l'imposition d'une monoculture idéologique qui considère les visions du monde concurrentes ou les engagements religieux comme des menaces existentielles au monopole moral de l'État.

Solidarités exécutives et judiciaires

La consolidation systémique de cette religion civile est maintenue aux plus hauts niveaux de la gouvernance provinciale, fonctionnant à travers une triade institutionnelle : le **premier ministre**, le **procureur**

général et la **direction exécutive de la Cour supérieure**. Ensemble, ces instances forment un sommet institutionnel que les critiques identifient comme un épicentre de la préservation des biais systémiques et du déni proactif des possibilités offertes aux justiciables issus des minorités. Dans ce paradigme structurel, les accusations de racisme systémique ou de discrimination — même lorsqu'elles sont validées par un examen administratif indépendant — sont traitées comme des remises en question fondamentales de l'infaillibilité morale de l'État.[37]

Un cas d'étude majeur de cette architecture systémique se trouve dans le long processus judiciaire impliquant **Raymond Carby-Samuels** contre les **Services de police de Gatineau** (dirigés par l'appareil local du « chef de police »). Carby-Samuels a intenté une action en justice à la suite de situations documentées de profilage racial et de comportements discriminatoires. Les plaintes de discrimination ont été explicitement examinées et validées par la ***Commission des droits de la personne et des droits de la jeunesse*** (CDPDJ). Toutefois, lorsque le demandeur a tenté d'obtenir un recours judiciaire fondé sur ces conclusions devant la **Cour supérieure du Québec**, l'appareil procédural de l'État, sous la direction du juge en chef de la Cour supérieure, a adopté une position visant activement à protéger ses propres acteurs.

Cette position judiciaire ne survient pas dans un vide ; elle reflète directement l'agenda politique plus large imposé par le **premier ministre** et exécuté par le **procureur général**. En maintenant un cadre politique et juridique public qui nie catégoriquement l'existence du racisme systémique au sein des organismes provinciaux, le pouvoir exécutif fournit la couverture politique nécessaire permettant au pouvoir judiciaire d'imposer des obstacles formalistes aux justiciables racisés et non représentés par avocat. Lorsque la Cour supérieure empêche effectivement une victime de discrimination d'accéder davantage aux tribunaux administratifs spécialisés, elle agit comme un bras d'exécution d'une vision élitiste qui place l'infaillibilité quasi religieuse des institutions gouvernementales provinciales au-dessus des droits fondamentaux garantis par la *Charte québécoise*.[38]

Paradoxe : rejet du multiculturalisme et dépendance envers la fédération

L'adhésion rigide à la laïcité entre directement en conflit avec le cadre constitutionnel canadien plus large du **multiculturalisme**, tel que codifié à l'article 27 de la *Charte canadienne des droits et libertés*. Alors que le multiculturalisme canadien considère la préservation des diverses identités religieuses et culturelles comme une force collective, les élites québécoises défendent plutôt « **l'interculturalisme** » — un modèle qui exige que les cultures minoritaires soient subordonnées à une société hiérarchisée façonnée selon l›image du noyau dominant, séculier et francophone des contrôleurs bourboniens.

Afin de protéger cette religion civile contre une invalidation constitutionnelle, les élites québécoises ont de plus en plus recours à **l'article 33 de laLoi constitutionnelle de 1982** — la clause dérogatoire. En invoquant de manière préventive l'article 33 dans des lois comme la Loi 21 et la Loi 96 (la loi sur la langue française), le gouvernement provincial retire délibérément aux citoyens la possibilité de contester ces lois au motif qu'elles portent atteinte aux libertés fondamentales de religion, d'expression ou d'égalité. Cette utilisation agressive des mécanismes constitutionnels de contournement souligne l'isolement du clergé séculier : les lois de l'élite sont placées hors de portée du contrôle judiciaire lorsqu'il est question de droits humains fondamentaux.[39]

Domaine sociétal	Ordre clérical pré-1960	Ordre séculier post-1960
Autorité institutionnelle	L'épiscopat catholique romain	L'épiscopat catholique romain
Idéologie centrale	Ultramontanisme et *survivance* religieuse	*Laïcité* et monoculturalisme linguistique
Mécanisme de contrôle	Menace d'excommunication et péché moral	Recours préventif à l'article 33 (clause dérogatoire)
Vision des minorités	Étrangers au sein du giron catholique	Menaces envers la neutralité de l'État et la cohésion sociale

Ce texte crée un profond paradoxe économique. Alors que le discours politique des élites québécoises met l'accent sur l'autonomie, la distinction et le rejet des valeurs multiculturelles canadiennes, l'infrastructure matérielle de la province demeure profondément intégrée à la structure fédérale canadienne et dépendante de celle-ci. Les paiements de péréquation et les programmes de transferts fédéraux fournissent chaque année des milliards de dollars afin de soutenir l'important filet de sécurité sociale du Québec. Les critiques soutiennent que cette dynamique permet aux élites québécoises de vivre dans un sanctuaire idéologique : elles peuvent imposer des politiques d'exclusion et d'assimilation partielle qui restreignent les droits des non-francophones et des minorités religieuses, tout en s'appuyant simultanément sur la base économique d'une société canadienne plus large qui génère sa richesse grâce aux cadres mêmes, multiculturels et pluralistes, que le Québec rejette.

Réinvention de l'autorité centralisée

La quête de la laïcité par le Québec ne peut être comprise uniquement comme un effort rationnel visant à réduire les conflits publics ou à garantir la neutralité de l'État. Historiquement et structurellement, elle fonctionne comme une réinvention de l'autorité centralisée. En remplaçant l'Église catholique par l'État séculier, les élites politiques et judiciaires ont conservé une prétention absolue à la gouvernance morale et sociale. Lorsque le pouvoir judiciaire impose une conformité stricte, réprime les allégations de racisme institutionnel ou sanctionne les justiciables qui refusent de faire preuve d'une déférence absolue envers l'appareil d'État, il agit comme le bras d'exécution de cette nouvelle religion civile. Tant que ce système se soustraira à la reddition de comptes constitutionnelle grâce à des mécanismes comme la clause dérogatoire, tout en demeurant économiquement dépendant de la fédération canadienne, la tension entre le clergé séculier québécois et les principes universels des droits de la personne demeurera un conflit fondamental de la nation canadienne.[40]

CHAPITRE 5

La façade de civilité de Gatineau

Le paysage géographique et culturel de Gatineau, au Québec, présente une étude de cas saisissante par ses contrastes. Pour l'observateur occasionnel, cette municipalité — située directement de l'autre côté de la rivière des Outaouais par rapport à la capitale nationale du Canada — incarne un modèle de pluralisme bilingue moderne. Ses rues résidentielles bordées d'arbres, ses parcs publics et sa diversité démographique donnent l'image d'un environnement harmonieux où des citoyens issus de milieux raciaux, linguistiques et culturels variés coexistent dans une relative paix. Cette tranquillité apparente est souvent présentée comme un témoignage de la civilité historique et du caractère accueillant de la société franco-canadienne.

Cependant, derrière cette façade de tolérance métropolitaine progressiste se cache une réalité beaucoup plus troublante. Pour les minorités racisées et linguistiques qui tentent de dépasser les limites d'une conformité passive et d'affirmer activement leurs droits civils reconnus par la loi, l'appareil municipal et juridique de Gatineau peut se transformer en instrument d'hostilité systémique. Lorsque des individus contestent des fautes institutionnelles — particulièrement au sein des services policiers locaux — la machine étatique cherche souvent non pas à examiner le grief, mais à isoler, discréditer et neutraliser le plaignant.

Les contours de cette friction institutionnelle sont clairement illustrés par le long conflit judiciaire opposant *Raymond Carby-Samuels à la Ville de Gatineau et autres.* Ce qui a commencé comme une plainte vérifiée de profilage policier discriminatoire s'est transformé en un conflit jurisprudentiel s'étendant sur plusieurs années. Cette affaire expose les vulnérabilités structurelles des cadres administratifs et judiciaires québécois, soulevant de profondes questions concernant l'accès à la justice, les protections linguistiques et les mesures qu'une municipalité peut prendre pour protéger ses institutions contre toute reddition de comptes.

FAÇADE MUNICIPALE DE CIVILITÉ

Proximité avec la capitale nationale et pluralisme apparent.

▼

LA FRICTION LIÉE À L'AFFIRMATION DES DROITS

Une partie plaignante issue d'une minorité conteste une discrimination policière.

▼

CONTRE-MESURES INSTITUTIONNELLES

- Demandes de dossiers personnels extrajudiciaires
- Insistance sur des procédures unilingues en français
- Nouvelle contestation judiciaire de demandes déclarées vexatoires déjà réglées

La genèse du conflit : profilage et bouclier législatif

Les racines de cette confrontation systémique sont ancrées dans une série d'interactions de rue entre des policiers municipaux de Gatineau et Raymond Carby-Samuels, un résident noir anglophone. Les incidents, survenus les 13 octobre 2018 et 22 avril 2019, concernaient initialement des interventions municipales de routine, notamment l'émission d'une contravention symbolique de 15,00 $ pour avoir marché sur une voie résidentielle plutôt que sur un trottoir adjacent. Bien qu'elles puissent sembler anodines à première vue, ces interventions ont été vécues par le plaignant comme des exercices ciblés et hostiles de l'autorité étatique, motivés par le profilage racial et un biais linguistique.

Cherchant à obtenir réparation par les voies législatives appropriées, Carby-Samuels a présenté ses griefs à la *Commission des droits de la personne et des droits de la jeunesse* (CDPDJ). La Commission, agissant comme principal organisme administratif québécois de protection des droits de la personne, a mené une enquête indépendante sur la conduite du Service de police de la Ville de Gatineau (SPVG). Après examen des éléments de preuve, la CDPDJ a conclu que les allégations étaient fondées.

Confrontée à une procédure en matière de droits de la personne soutenue par l'État, la stratégie juridique adoptée par la Ville de Gatineau est passée de mesures de défense classiques à des manœuvres procédurales agressives. Cette transition s'est manifestée durant la phase d'interrogatoire préalable au procès, en décembre 2022, lorsque la municipalité a retenu les services d'un conseiller juridique externe. Plutôt que de limiter la portée de l'enquête aux faits opérationnels précis entourant les interventions policières, la défense a entrepris une exploration large et intrusive du parcours personnel du plaignant.[41]

Un point majeur de contestation est survenu lorsque les avocats municipaux ont exigé que Carby-Samuels fournisse ses dossiers médicaux privés de l'Ontario ainsi que ses relevés de notes officiels de l'Université de Toronto. Du point de vue du plaignant, ces demandes n'avaient aucun lien rationnel avec l'objectif de déterminer s'il avait fait l'objet de profilage racial dans une rue de Gatineau. Elles étaient plutôt perçues comme une tentative calculée d'atteinte à sa réputation et d'intimidation personnelle, visant à exploiter des éléments sans pertinence de son parcours afin de l'épuiser et de le démoraliser.

De plus, ces tactiques de communication préalable agressives ont créé une rupture entre Carby-Samuels et l'avocat mandaté par l'État auprès de la CDPDJ. Devant une impasse quant à la manière de gérer ces vastes demandes de la défense ainsi que la protection des renseignements personnels confidentiels, l'avocat de la CDPDJ s'est retiré de la représentation active en février 2023.

Cela a laissé Carby-Samuels structurellement isolé, contraint de reprendre à son propre nom une procédure judiciaire complexe en tant que justiciable non représenté. Les tactiques de la municipalité ont effectivement rompu le lien entre le plaignant et son soutien juridique institutionnel, modifiant ainsi l'équilibre des forces dans le litige.

MUN STRATÉGIE DE DÉFENSE MUNICIPALE (TDP) ICIPAL DEFENCE STRATEGY (TDP)

Demandes concernant des dossiers médicaux privés de l'Ontario et des relevés de notes universitaires.

▼

IMPASSE TACTIQUE

Friction develops regarding scope of Une friction apparaît concernant la portée de la communication préalable et la confidentialité. discovery and confidentiality.

▼

RETRAIT DE L'AVOCAT

CDPDJ attorney exits; minorit L'avocat de la CDPDJ se retire ; le plaignant issu d'une minorité est laissé structurellement isolé. y claimant is left structurally isolated.

La barrière linguistique : justice, langue et *R. c. Tran*

Avec le plaignant désormais non représenté, le champ de bataille s'est déplacé vers le terrain fondamental de la langue et de l'équité procédurale. En tant qu'anglophone naviguant dans un système de droit civil largement dominé par la langue française, Carby-Samuels s'est rapidement heurté à d'importantes barrières structurelles au sein du Tribunal des droits de la personne du Québec.

Lors d'une série de conférences de gestion d'instance au printemps 2023, l'avocat de la municipalité a insisté pour que toutes les plaidoiries orales et écrites soient menées exclusivement en français. La juge du TDP chargée de la présidence, Catherine Pilon, a également administré les procédures judiciaires en français, marginalisant ainsi efficacement le plaignant et limitant sa participation significative à sa propre audience. Lorsque Carby-Samuels s'est opposé à cet environnement unilingue et a demandé soit que la défense plaide en anglais, soit que le tribunal fournisse un interprète financé par l'État, ses requêtes ont été sommairement rejetées.

Bien que l'arrêt *R. c. Tran* ait principalement transformé l'administration des tribunaux criminels à travers le Canada — en obligeant les juridictions à l'extérieur du Québec à mettre en place des services complets de traduction financés par l'État — son principe sous-jacent de justice naturelle s'applique plus largement au concept d'une audience équitable. Carby-Samuels a tenté d'invoquer cette jurisprudence, soutenant que le refus de services de traduction dans un tribunal des droits de la personne privait effectivement les Québécois non francophones de leur capacité de faire valoir leurs droits, créant ainsi une barrière inconstitutionnelle à l'accès à la justice.[42]

CADRE CONSTITUTIONNEL CANADIEN

R. c. Tran (CSC 1994) : Le droit à un interprète constitue une exigence fondamentale de la justice naturelle afin d'assurer une audience équitable.

▼

RÉALITÉ OPÉRATIONNELLE DU TRIBUNAL QUÉBÉCOIS

Insistance répétée sur des plaidoiries orales et écrites unilingues en français lors de la gestion des instances en matière de droits de la personne.

▼

EXCLUSION PROCÉDURALE

Les demandes d'un service de traduction financé par l'État sont rejetées, limitant la participation significative du justiciable non francophone.a

Le refus du tribunal d'accorder un ajournement afin de permettre l'obtention de services de traduction privés, ou d'imposer une collaboration bilingue, a introduit une profonde inégalité structurelle dans cette affaire.

Pour une personne non représentée tentant de formuler des arguments complexes en vertu de la Charte québécoise, l'obligation de décoder un vocabulaire juridique étranger tout en étant soumise au contre-interrogatoire d'avocats municipaux chevronnés a transformé la salle d'audience, qui devrait être un forum d'équité, en un lieu de profonde aliénation.

Complicité de l'exécutif : Marquis-Bissonnette, Action Gatineau et régression systémique

L'hostilité procédurale observée dans la salle d'audience reflète une culture plus large de gouvernance municipale à Gatineau. Le refus d'accommoder les minorités linguistiques et racisées ne constitue pas simplement une stratégie isolée déployée par des avocats externes ; il s'aligne directement sur les choix politiques de la mairesse de Gatineau, Maude Marquis-Bissonnette, et de son parti municipal au pouvoir, Action Gatineau. Plutôt que d'agir comme un organisme de surveillance progressiste chargé d'éliminer la discrimination systémique au sein de l'hôtel de ville et du service de police, le pouvoir exécutif local sous leur direction a démontré à plusieurs reprises une complicité dans la création d'un environnement qui régresse plutôt qu'il ne favorise l'équité raciale systémique.

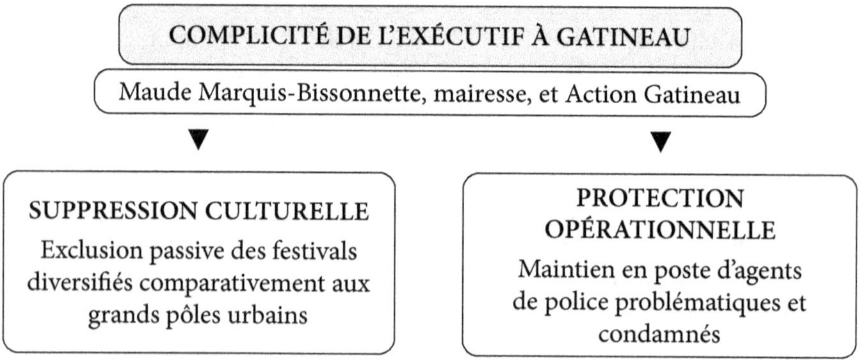

Cette culture régressive est particulièrement visible dans l'administration publique et culturelle de Gatineau. Alors que la ville voisine d'Ottawa et la région métropolitaine de Montréal accueillent des scènes de festivals dynamiques et mondialement reconnues qui célèbrent, financent et mettent en valeur leurs communautés culturelles et racisées diversifiées, l'administration dirigée par Marquis-Bissonnette et Action Gatineau demeure profondément insulaire. Le manque frappant d'investissements municipaux dans des plateformes valorisant la diversité culturelle témoigne d'une culture de gouvernance qui exclut passivement les communautés marginalisées de l'espace public. Cette exclusion culturelle est ponctuée par des crises périodiques de relations publiques ; notamment, la ville a été contrainte de retirer une campagne de marketing municipale très médiatisée après une vaste condamnation pour avoir utilisé des images perpétuant des stéréotypes anti-Noirs préjudiciables.

La complicité de l'exécutif passe d'une négligence culturelle passive à un risque sociétal actif au sein de l'administration du *Service de police de la Ville de Gatineau* (SPVG). L'exemple le plus grave de la posture régressive de l'hôtel de ville est le maintien en poste de l'agent mis en cause Shawn Mahar. Malgré le fait que Mahar possède un historique documenté comprenant une condamnation sommaire pour voies de fait en 2014, l'administration municipale dirigée par Action Gatineau a choisi de protéger son emploi et de le maintenir au sein du corps policier.

En protégeant un agent condamné contre les mécanismes de reddition de comptes professionnels, la mairesse et le conseil municipal ont directement contribué à créer un environnement opérationnel propice à de nouvelles fautes. Cette protection administrative a directement culminé dans les graves violations des droits de la personne et le profilage racial ciblé qui ont ensuite fait l'objet d'une enquête et ont été confirmés sur le fond par la CDPDJ.[43]

Le pivot institutionnel : obstacles civils et biais pénal

La résistance structurelle rencontrée par Carby-Samuels expose un angle mort important dans le discours public plus large entourant le racisme au sein des structures juridiques canadiennes. Traditionnellement, lorsque le système de justice canadien fait l'objet d'un examen public ou politique concernant les biais systémiques, l'attention se concentre presque entièrement sur le système de justice pénale — en mettant l'accent sur les taux de surincarcération, les contrôles policiers de type *carding* et les disparités dans les peines criminelles.

Cependant, le dossier Carby-Samuels démontre que les principaux obstacles auxquels font face les minorités racisées — et particulièrement les Canadiens noirs — se situent fréquemment au sein du système judiciaire civil et des mécanismes administratifs de protection des droits de la personne. Loin de constituer des espaces facilement accessibles pour obtenir réparation, les instances civiles, comme l'illustre l'infrastructure provinciale québécoise, peuvent activement compliquer l'accès à la justice. En s'appuyant sur des filtres procéduraux complexes, des exigences linguistiques et des barrières financières, ces mécanismes civils peuvent priver de droits fondamentaux à l'égalité des citoyens respectueux des lois qui tentent simplement de faire respecter les protections qui leur sont accordées par la législation.

LE BIAIS DU DISCOURS AU CANADA

Une attention médiatique importante concentrée principalement sur les tribunaux pénaux.

▼

LA RÉALITÉ DES OBSTACLES CIVILS

Les minorités respectueuses des lois font face à une neutralisation structurelle dans les tribunaux des droits de la personne et les instances civiles par l'entremise de barrières procédurales.

En concentrant principalement l'attention législative et militante sur la réforme des tribunaux pénaux, le gouvernement fédéral canadien prive involontairement la grande majorité des citoyens noirs d'une véritable justice raciale. L'immense majorité des personnes racisées sont des citoyens respectueux des lois qui n'auront jamais affaire aux tribunaux criminels à titre d'accusés.

Pourtant, lorsque ces citoyens sont confrontés à des formes quotidiennes de harcèlement municipal, de profilage administratif et de déshumanisation structurelle, ils doivent se tourner vers les tribunaux civils et les tribunaux des droits de la personne afin de tenir les acteurs étatiques responsables. Lorsque ces instances civiles choisissent de protéger les organismes gouvernementaux en sanctionnant le plaignant, elles permettent que la discrimination institutionnelle soit exercée en toute impunité.

Le préjudice fédéral : les omissions de la Stratégie canadienne de justice pour les personnes noires

Ce biais systémique envers le système pénal n'est pas simplement un accident administratif ; il a été activement inscrit dans les politiques publiques fédérales au plus haut niveau décisionnel. En élaborant et en lançant **la Stratégie canadienne de justice pour les personnes noires**, le gouvernement fédéral a gravement failli envers les communautés mêmes qu'il avait pour mandat de protéger. En structurant cette stratégie afin qu'elle se concentre presque entièrement sur le système de justice pénale, les architectes fédéraux ont créé un cadre qui ignore complètement les comportements racistes flagrants se produisant au sein des tribunaux civils et des instances administratives de protection des droits de la personne.

FILTRE DE L'ARCHITECTURE DES POLITIQUES FÉDÉRALES

La Stratégie canadienne de justice pour les personnes noires dirige exclusivement les ressources législatives et réformatrices vers le secteur pénal.

▼

LE RENOUVEAU DE L'EXCLUSION

Des procédures judiciaires civiles sévères et utilisées comme armes demeurent entièrement en dehors du mandat fédéral de réforme.

Cette omission structurelle laisse entièrement sans contrôle les mécanismes les plus répandus et quotidiens de subjugation institutionnelle. L'environnement des tribunaux civils québécois représente sans doute la manifestation la plus grave de cet échec. Malgré le fait que la province dispose de lois statutaires hautement progressistes conçues pour protéger les droits individuels et les droits à l'égalité, ses salles d'audience civiles racontent une tout autre histoire.[44]

En refusant de regarder au-delà des frontières du système de justice pénale, **la Stratégie canadienne de justice pour les personnes noires** a laissé des citoyens respectueux des lois exposés à des procédures civiles utilisées comme armes. Lorsque les tribunaux des droits de la personne et les tribunaux civils sont autorisés à protéger les acteurs de la Couronne et à réprimer les revendications des minorités en toute impunité, la promesse de réforme systémique portée par la stratégie fédérale devient entièrement vide de sens pour la majorité de la population.

La doctrine de la finalité : le juge Hussain refuse l'ordonnance déclarant un plaideur quérulent

Alors que Carby-Samuels contestait vigoureusement ces obstacles linguistiques et procéduraux par une multiplication de requêtes interlocutoires, d'appels et de plaintes auprès d'organismes de surveillance judiciaire, la Ville de Gatineau a déployé son arme procédurale la plus puissante. À la fin de 2024, l'avocat municipal Me Mathieu Daponte a déposé une demande officielle en vertu de **l'article 55 du Code de procédure civile (C.p.c.)**, visant à faire déclarer Carby-Samuels plaideur quérulent.

Les conséquences juridiques d'une ordonnance déclarant une personne plaideuse quérulente sont sévères : elle prive un individu de son droit civil fondamental d'accéder au système judiciaire en lui imposant une interdiction générale de déposer toute nouvelle procédure sans obtenir au préalable une autorisation écrite et explicite d'un juge en chef. Pour Gatineau, une telle ordonnance aurait effectivement éteint la plainte active en matière de droits de la personne, reconnue par la

CDPDJ, contre ses policiers, immunisant ainsi la municipalité contre tout examen supplémentaire.

L'effondrement du principe du stare decisis : l'allégation de « tribunal kangourou »

La stabilité introduite par la décision du juge Hussain, en avril 2025, de rejeter la demande de la Ville de Gatineau visant à faire déclarer Carby-Samuels plaideur quérulent s'est révélée de courte durée. En août 2025 — à peine quelques mois après le refus définitif de la Cour supérieure d'émettre une déclaration de plaideur quérulent — la Ville de Gatineau a lancé une procédure identique contre Carby-Samuels sous exactement le même numéro de dossier. Cette réindexation immédiate d'une demande déjà tranchée constituait une contestation directe du principe juridique canadien fondamental du ***stare decisis* horizontal**, selon lequel un juge ne peut simplement remplacer ou renverser une décision antérieure rendue par un juge de même niveau du même tribunal dans un dossier substantiellement identique.

La décision du juge Hussain
(avril 2025)
Refuse l'ordonnance déclarant un plaideur quérulent

Nouvelle demande de Gatineau
(Août 2025)
Recours identique recherché

▼ ▼

CONFLIT AVEC LE PRINCIPE DU *STARE DECISIS* HORIZONTAL

La réouverture d'un dossier déjà tranché sans changement matériel dans les circonstances crée une instabilité structurelle et viole la finalité judiciaire.

La réouverture de la demande visant à déclarer Carby-Samuels plaideur quérulent a été autorisée par des voies administratives supervisées par des autorités judiciaires de coordination au sein du district de Gatineau. Du point de vue du plaignant, cette manœuvre a marqué le début de conditions de « procès-spectacle ». Il soutenait que l'appareil étatique municipal, après avoir échoué à obtenir une ordonnance d'un arbitre impartial, s'était livré à une recherche délibérée du juge le plus favorable afin de trouver un forum davantage réceptif à son récit institutionnel.

Cette perception de biais institutionnel a été davantage renforcée par les changements d'affectation judiciaire. Alors que le personnel du greffe local avait initialement indiqué que la juge plus accommodante Daniel Urbas présiderait les audiences finales, le dossier a finalement été redirigé vers **l'honorable Catherine Piché.**[45]

Carby-Samuels soutenait que cette réorientation structurelle avait contourné des juges démontrant une compréhension nuancée de la discrimination systémique et des droits linguistiques naturels, garantissant ainsi que la décision finale serait rendue selon une approche traditionnelle et rigide profondément hostile aux défenseurs issus de minorités se représentant eux-mêmes.

Le jugement du 28 mai 2026 : une analyse du biais judiciaire

L'apogée juridique de cette confrontation institutionnelle est survenue le 28 mai 2026, lorsque la juge Catherine Piché a rendu son jugement final concernant la demande visant à déclarer Carby-Samuels plaideur « querelleur ». Les motifs écrits rendus par le tribunal représentent une capitulation complète devant le récit municipal, renversant entièrement les limites protectrices établies par le juge Hussain l'année précédente.

ORDONNANCE DE LA JUGE PICHÉ (28 MAI 2026)

Restriction complète préalable à l'autorisation imposée au plaignant.

▼ ▼

RESTRICTIONS QUASI JUDICIAIRES

Interdiction générale de déposer des procédures devant le TDP et les organismes de droits de la personne de la CDPDJ.

EXTENSIONS EXTRAJUDICIAIRES

Interdiction étendue aux organismes disciplinaires prévus par la loi.

Plutôt que de se concentrer sur le bien-fondé objectif de la plainte sous-jacente en matière de droits de la personne, reconnue par l'État, l'analyse de la juge Piché s'est concentrée sur un examen minutieux du comportement procédural du plaignant, lequel avait déjà été reconnu comme légitime par des organismes judiciaires et parlementaires mandatés. La juge de première instance a utilisé une série d'appréciations hautement péjoratives, décrivant les efforts de Carby-Samuels visant à obtenir des protections constitutionnelles comme la preuve d'une « prolifération indue de procédures », d'une « attitude judiciaire incessante et constante » et d'un « cas typique du plaideur querelleur ».

La diminution ad hominem

L'élément le plus controversé et juridiquement précaire du jugement apparaît au paragraphe 151, où la juge Piché affirme de manière inappropriée que « **toutes** » les actions et les demandes d›appel déposées par le plaignant depuis 2022 étaient « **vouées à l'échec** ». Cette caractérisation générale ignore systématiquement le fait évident que la plainte centrale en matière de discrimination avait été préparée, validée et déposée par la CDPDJ — un organisme officiel du gouvernement du Québec.

Qualifier une plainte en matière de droits de la personne soutenue par l'État de fondamentalement frivole avant même un procès sur le fond constitue un écart important par rapport à la neutralité judiciaire habituelle.

De plus, le texte du jugement s'est aventuré sur un terrain hautement personnalisé. La juge Piché a formulé des références explicites et dépréciatives concernant le parcours académique du plaignant, allant jusqu'à suggérer que Carby-Samuels ne faisait que « **prétendre** » posséder des diplômes universitaires et des qualifications juridiques. Cette minimisation explicite a été vécue par le plaignant racisé comme une manifestation d›un biais profond et inconscient.[46]

Dans son avis d'appel subséquent, Carby-Samuels a directement contesté cette conclusion, soutenant qu'une telle attaque *ad hominem* non vérifiée reposait sur des stéréotypes raciaux classiques — laissant entendre qu'un défenseur noir des droits civils devait nécessairement être une fraude intellectuelle dont les réalisations universitaires seraient intrinsèquement fictives.

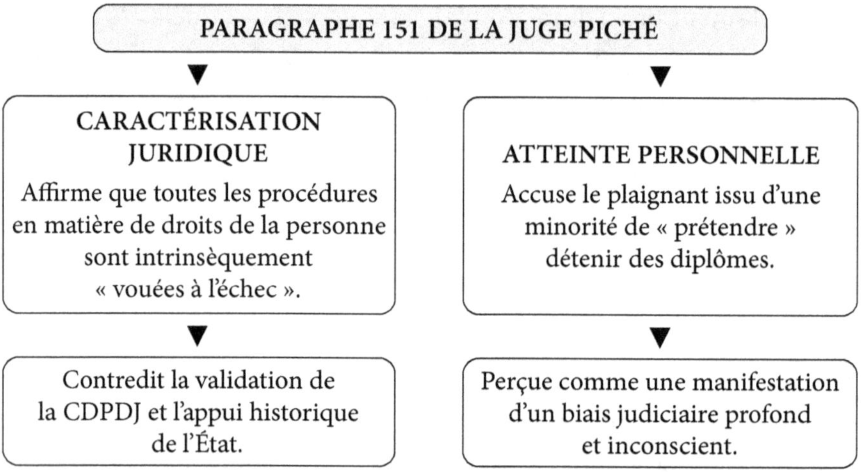

L'excès de compétence juridictionnelle

Au-delà de la rhétorique personnalisée, le jugement Piché a commis une erreur juridictionnelle fondamentale en étendant la portée de la restriction prévue à l'article 55 bien au-delà des limites du système judiciaire provincial traditionnel. L'ordonnance finale n'a pas seulement exigé que Carby-Samuels obtienne une autorisation préalable avant de déposer des poursuites civiles devant la Cour supérieure ; elle s'est activement étendue à des organismes indépendants, spécialisés, prévus par la loi et de compétence fédérale.

Le jugement a empêché le plaignant de déposer de nouvelles procédures ou de présenter des plaintes déontologiques auprès de :

1. Le Tribunal des droits de la personne (TDP)
2. La Commission des droits de la personne et des droits de la jeunesse (CDPDJ)
3. Le Conseil canadien de la magistrature (CCM) (un organisme fédéral régi par des lois du Parlement)
4. Le Conseil de la magistrature

5. Le Barreau du Québec (l'ordre professionnel provincial autoréglementé des avocats)

En vertu du droit administratif canadien, un juge de la Cour supérieure provinciale ne possède pas une compétence de surveillance lui permettant de bloquer de manière proactive le droit d'un citoyen de s'adresser à des organismes disciplinaires autonomes ou à des organismes fédéraux de réglementation. En prenant en charge les mécanismes d'accueil et de filtrage de ces entités indépendantes, la Cour supérieure de Gatineau a effectivement procédé à une usurpation judiciaire de pouvoir.

Cette ordonnance a complètement privé un citoyen racisé des protections qui lui sont accordées par *la Charte*, en bloquant sa capacité de déposer des plaintes en matière de droits de la personne ou de signaler une inconduite judiciaire auprès des autorités de surveillance appropriées.

Protections comparatives : le fossé constitutionnel entre le Canada et les États-Unis

L'ampleur exceptionnelle de l'ordonnance de la Cour supérieure de Gatineau met en lumière une vulnérabilité particulière de l'architecture constitutionnelle canadienne lorsqu'elle est comparée aux juridictions voisines. Si un gouvernement municipal et un juge d'État avaient entrepris une démarche similaire et coordonnée visant à priver un citoyen issu d'une minorité de ses droits civils reconnus aux États-Unis, les conséquences juridiques auraient été radicalement différentes.

Dans la tradition juridique américaine, la protection des droits civils contre les excès institutionnels des États est assurée par de puissantes protections législatives fédérales, notamment le ***Title 18, United States Code, Section 242*** (***Deprivation of Rights Under Color of Law***). Cette loi fédérale prévoit que toute personne qui, sous l'autorité apparente d'une loi, d'une ordonnance, d'un règlement ou d'une pratique, soumet volontairement une personne dans un État, un territoire, un Commonwealth, une possession ou un district à la privation de droits, privilèges ou immunités garantis ou protégés par la Constitution ou les lois des États-Unis, peut être condamnée à une amende ou à une peine d'emprisonnement.[47]

GARANTIES FÉDÉRALES AMÉRICAINES

Titre 18 du Code des États-Unis, section 242 : criminalise la privation volontaire des droits civils par des acteurs étatiques agissant sous l'autorité apparente de la loi (« *color of law* »).

▼

CONTEXTE STRUCTUREL CANADIEN

Recours aux mécanismes traditionnels d'appel ; l'immunité judiciaire absolue protège les juges d'État contre toute responsabilité pénale fédérale directe.

En contraste, le système canadien repose presque exclusivement sur le processus traditionnel et lent de correction en appel. L'immunité judiciaire absolue protège efficacement les juges de la Cour supérieure contre toute responsabilité pénale directe ou toute sanction civile pour les décisions rendues depuis le banc, peu importe à quel point ces décisions peuvent sembler extrêmes, biaisées ou racistes aux yeux d'un observateur raisonnable.

Cette réalité structurelle rend les plaideurs issus de minorités qui se représentent eux-mêmes extrêmement vulnérables, alors qu'ils font face à des systèmes judiciaires municipaux locaux pouvant fonctionner avec un degré élevé d'impunité, sans être freinés par la menace d'une intervention fédérale externe.

La lutte pour le renouveau institutionnel

La longue histoire jurisprudentielle de *Raymond Carby-Samuels c. Ville de Gatineau* représente bien plus qu'une simple anomalie procédurale isolée. Elle constitue une dénonciation frappante de la manière dont le pouvoir municipal peut interagir avec les tribunaux provinciaux pour créer un environnement hostile à la défense des droits civils. L'apparente harmonie raciale de Gatineau demeure réelle pour ceux qui ne contestent pas le système ; mais pour ceux qui exigent une reddition de comptes institutionnelle, la réponse de la ville révèle une malveillance structurelle omniprésente.

LA DOUBLE VOIE DE LA RÉFORME

▼ ▼

EXAMEN EN APPEL

Avis d'appel déposé en juin 2026 visant à contester l'ordonnance de la juge Piché.

SURVEILLANCE STRUCTURELLE

Surveillance continue du SPVG concernant le profilage racial et la diversité.

Tant que ces excès systémiques ne seront pas corrigés de manière définitive, la façade de civilité bilingue de l'autre côté de la rivière des Outaouais demeurera une promesse vide pour ceux qui osent se lever et dire la vérité aux détenteurs du pouvoir.

CHAPITRE 6

Les coûts économiques du racisme au Québec

La conversation téléphonique avait été un triomphe absolu. Pendant trois semaines, Amina — une brillante agronome d'origine indonésienne titulaire d'une maîtrise en sciences agricoles d'une université canadienne de premier plan — avait franchi les différentes étapes du processus de recrutement pour un poste d'analyste principale en politiques au sein d'une direction provinciale de conseil en environnement et en agriculture. Sur papier, ses qualifications étaient irréprochables. Au téléphone, sa voix constituait un atout. Ayant passé ses années formatrices dans le système d'éducation régional québécois, Amina parlait un français québécois naturel et impeccable. Elle comprenait les expressions locales, saisissait chaque nuance linguistique et maîtrisait l'intonation précise que les puristes culturels locaux prétendent protéger comme un joyau de la couronne.

Les recruteurs gouvernementaux étaient enthousiastes. Ils louaient son parcours académique local en chimie des sols et en résilience des cultures, admirant ouvertement sa maîtrise de la langue. Dans une province où le discours public est constamment dominé par la prétendue dégradation du français, une candidate possédant à la fois une expertise scientifique canadienne de haut niveau et une maîtrise native du français était considérée comme une véritable exception institutionnelle. L'entrevue finale officielle en personne n'était pas présentée comme un obstacle, mais comme une formalité festive — la dernière poignée de main avant son intégration dans la fonction publique.

Puis, elle franchit les portes vitrées des bureaux gouvernementaux.

Lorsque Amina fut appelée dans la salle de réunion, l'atmosphère changea instantanément, devenant froide et défensive. Le comité de sélection ne voyait plus la voix francophone exceptionnelle qu'il avait célébrée au téléphone. Il voyait une minorité visible, une femme musulmane portant un hijab subtil et élégant. Le passage de l'enthousiasme institutionnel à l'hostilité active fut immédiat.

L'entrevue ne porta pas sur la durabilité agricole, les modèles économiques ruraux ou les cadres de préservation des sols. Elle se transforma plutôt en un interrogatoire hostile concernant son « adéquation culturelle » et ses origines religieuses. L'intervieweur principal — un haut fonctionnaire dont la propre lignée remontait à plusieurs générations dans les paroisses rurales de la province — pouvait à peine dissimuler sa colère. Il se sentait trompé. Il demanda comment une personne ayant « son apparence » pouvait parler la langue avec une telle perfection, insinuant une forme de tromperie contre nature. Malgré son diplôme prestigieux obtenu dans une institution canadienne reconnue et le fait qu'elle ait passé ses années formatrices entièrement dans la province, le comité remit ouvertement en question la compatibilité de sa présence avec les lois de la laïcité québécoise, utilisant la Loi 21 comme une arme pour empêcher une scientifique musulmane hautement qualifiée de contribuer aux politiques publiques. L'entrevue prit fin abruptement. Le courriel générique de rejet arriva moins d'une heure après son départ du bâtiment.

L'expérience d'Amina n'est pas une anomalie isolée. Elle constitue la référence diagnostique d'une pathologie systémique. Son histoire brise le mythe central du consensus politique québécois contemporain : l'affirmation selon laquelle l'exclusion systémique ne serait qu'une réaction défensive, linguistique, destinée à protéger une culture francophone vulnérable contre les pressions de l'hégémonie anglophone nord-américaine. Amina possédait la langue.

Elle possédait des qualifications canadiennes locales de haut niveau. Elle avait été formée dans le système scolaire québécois. Pourtant, elle fut rejetée avec une colère normalement réservée à un intrus ayant réussi à franchir une frontière en utilisant un passeport volé.

La colère dirigée contre elle était celle d'une classe dirigeante réalisant que son principal mécanisme de filtrage — l'exigence linguistique — avait échoué à exclure une personne considérée comme étrangère en raison de son origine raciale et religieuse. Son expérience révèle que la fixation politique sur la langue est souvent utilisée comme un écran de fumée idéologique. Le système sous-jacent ne fonctionnerait pas pour défendre une langue, mais pour préserver un réseau exclusif de favoritisme, d'autorité et de contrôle économique fondé sur la race au sein des institutions étatiques.[48]

Le miroir monolithique du pouvoir

Parcourez les couloirs de la justice, de la gouvernance corporative et de l'administration publique au Québec, et l'écart entre la population et ses dirigeants devient impossible à nier. Le Québec possède une population exceptionnellement diversifiée de francophones. Marchez sur les rues Saint-Denis ou Sainte-Catherine à Montréal, visitez les universités ou assistez à une séance publique du Barreau de Montréal, et vous verrez une francophonie vibrante, multilingue et multiraciale. Vous rencontrerez des avocats, des scientifiques et des universitaires noirs, sud-asiatiques, arabes et autochtones qui parlent le français comme première langue ou langue principale. Ils rédigent des mémoires juridiques, publient des articles scientifiques et réalisent des initiatives communautaires entièrement en français. Ils ont satisfait à toutes les exigences linguistiques imposées par l'État.

Pourtant, regardez vers le sommet de l'autorité institutionnelle, et cette diversité disparaît.

Les personnes nommées à la magistrature, les dirigeants qui administrent la fonction publique provinciale, les directeurs qui dirigent des sociétés d'État comme Hydro-Québec et les stratèges politiques qui définissent les politiques publiques se ressemblent de façon frappante. Lorsqu'on examine les organigrammes des ministères provinciaux, les conseils d'administration des sociétés d'État et les décideurs au sein des conglomérats médiatiques, une homogénéité troublante apparaît. Les cadres dirigeants présentent la même succession répétée de noms de famille traditionnels, blancs et canadiens-français : Tremblay, Roy, Gagnon, Lévesque, Bouchard. Ils partagent les mêmes références culturelles, ont suivi les mêmes parcours institutionnels fermés et reflètent un profil démographique si uniforme qu'ils pourraient être perçus comme un vaste réseau familial composé de frères, de sœurs et de cousins.

Cette homogénéité s'étend aux médias visuels et aux espaces publics. Les panneaux publicitaires des géants médiatiques qui dominent les autoroutes de Montréal présentent une succession de personnalités médiatiques, d'acteurs et de commentateurs formant presque un mur continu de blancheur. Cette représentation contraste fortement avec la réalité démographique des rues situées en dessous. Dans une métropole où les minorités visibles représentent une part importante de la population, les gardiens culturels présentent une image du Québec figée dans le temps — une communauté imaginée où l'autorité, le prestige et la visibilité appartiennent exclusivement aux descendants des premiers colons français.

Ce déséquilibre démographique dans les postes de direction est confirmé par les données statistiques. Les rapports de la Commission des droits de la personne et des droits de la jeunesse (CDPDJ) démontrent de façon constante que les minorités visibles sont sous-représentées dans les postes de direction supérieure au sein des organismes publics québécois. Les obstacles persistent non seulement lors de l'accès initial à l'emploi, mais deviennent encore plus importants lorsque les candidats cherchent à accéder à des postes de gestion supérieure ou de direction, peu importe leurs qualifications, leurs diplômes obtenus localement ou leurs compétences en français.

Les forces policières provinciales maintiennent une main-d'œuvre où les minorités visibles représentent une infime fraction de l'ensemble des employés, demeurant largement sous des objectifs raisonnables d'équité. La fonction publique présente une tendance similaire : alors que les minorités ethniques et racisées représentent une proportion importante de la population générale, leur représentation dans l'administration provinciale centrale demeure disproportionnellement faible, particulièrement dans les rangs de la haute direction.

Cette dynamique remet en question le récit traditionnel de la méritocratie et de l'intégration linguistique. Lorsque des personnes issues de milieux marginalisés atteignent une maîtrise complète du français, grandissent dans la province, obtiennent des qualifications canadiennes et acquièrent une expérience pertinente, elles continuent malgré tout à être exclues des postes où se trouve le véritable pouvoir d'influence. Cette réalité affaiblit l'argument selon lequel l'intégration serait uniquement une question d'apprentissage de la langue. Elle indique plutôt que le système fonctionne comme une forme de système de castes. Dans cet environnement, la maîtrise du français est considérée comme une condition nécessaire, mais insuffisante, pour accéder aux positions de pouvoir. Le véritable prérequis non écrit demeure un lien ancestral avec le groupe ethnique dominant.[49]

L'anatomie du système quasi-caste

Pour comprendre comment ce système se maintient, il faut aller au-delà des manifestations individuelles de préjugés et analyser la structure même de l'architecture institutionnelle québécoise. Le modèle sociopolitique de la province fonctionne comme un système quasi-caste moderne et bureaucratisé. Ce système est conçu pour protéger le monopole économique, politique et culturel d'une clique dirigeante particulière. Contrairement aux systèmes de castes historiques imposés par des mandats religieux explicites ou des lois de ségrégation ouvertes, ce système fonctionne par l'entremise d'un réseau de barrières administratives, de biais institutionnels subtils et de mesures législatives protectrices. Ensemble, ces outils produisent le même résultat : l'exclusion systématique des populations racisées et religieuses des leviers du pouvoir socioéconomique.

Le fonctionnement de ce système quasi-caste repose largement sur la dévalorisation systémique des qualifications et sur le contrôle administratif de l'accès aux professions. Même lorsque des individus possèdent des diplômes avancés provenant d'universités canadiennes reconnues et ont passé leur enfance dans la province, leurs qualifications sont régulièrement marginalisées par les ordres professionnels provinciaux et les organismes gouvernementaux. Des scientifiques, des médecins, des ingénieurs et des enseignants sont systématiquement dirigés vers des emplois de survie — conduire des taxis, travailler dans des entrepôts ou occuper des emplois à faible salaire.

Ce processus est fréquemment justifié par une prétendue nécessité de protéger les « standards québécois » ou par l'absence d'une expérience professionnelle hyperlocale. Toutefois, l'application uniforme de ces barrières à des minorités hautement qualifiées, élevées localement et francophones issues d'héritages sud-asiatiques, nord-africains, subsahariens et caribéens suggère une finalité sous-jacente différente : protéger la classe professionnelle nationale de la concurrence externe et maintenir les travailleurs racisés dans des positions économiques précaires.

De plus, des lois défensives servent à renforcer cette exclusion structurelle sous le couvert de la protection de l'identité collective. Des mesures comme la Loi 21 se présentent comme des affirmations neutres de la laïcité. En pratique, elles fonctionnent toutefois comme des barrières d'emploi ciblées qui affectent de manière disproportionnée les femmes issues de minorités, empêchant efficacement les femmes musulmanes portant le hijab d'accéder à des rôles essentiels du secteur public tels que l'enseignement, les postes de juristes de l'État, les services policiers et les fonctions centrales de la fonction publique.

En conditionnant l'avancement professionnel dans le secteur public à l'abandon d'expressions personnelles de l'identité religieuse, l'État envoie un signal clair quant aux personnes pouvant légitimement incarner l'autorité publique. Cette stratégie protège efficacement l'administration publique contre la diversification. Elle garantit que les personnes exerçant le pouvoir étatique demeurent un groupe démographiquement homogène, préservant ainsi les réseaux historiques de favoritisme face aux pressions d'une population en transformation.

Impunité et application de la loi

Nulle part l'application de ce système quasi-caste n'est plus directe ou agressive qu'au sein des appareils policiers municipaux de la province. Un exemple régional frappant de cette pathologie structurelle se trouve au sein du Service de police de Gatineau. Située directement de l'autre côté de la rivière par rapport à la capitale fédérale, Gatineau a absorbé un afflux massif de professionnels noirs et immigrants, diversifiés et hautement qualifiés. Pourtant, la composition démographique de son corps policier demeure obstinément figée, formant un mur presque intact d'ascendance blanche et francophone traditionnelle. L'absence extrême de diversité au sein du Service de police de Gatineau n'est pas un simple oubli administratif ; elle constitue une nécessité opérationnelle pour une institution qui remplit une fonction sociopolitique spécifique.

En pratique, cette force policière insulaire ne fonctionne pas comme une entité neutre chargée d'assurer la sécurité publique et l'application égale de la loi. Elle agit plutôt comme un mécanisme de contrôle social au niveau du terrain, opérant au nom de l'establishment politique et culturel québécois profondément enraciné — une cabale néobourbonienne dédiée à la protection des privilèges ancestraux. Pour les résidents noirs et les communautés minoritaires ciblées de la région de l'Outaouais, les interactions avec le Service de police de Gatineau ne sont pas définies par une protection civique, mais par une hostilité ciblée, des interpellations aléatoires et une intimidation stratégique. Ce comportement systémique vise à maintenir la subordination et à rappeler aux citoyens racisés que leur présence dans la province demeure conditionnelle, indépendamment de leurs compétences linguistiques, de leur statut de citoyen ou de leurs contributions économiques.[50]

Cette réalité opérationnelle révèle une contradiction profonde au sein du cadre juridique québécois. Sur papier, la province possède certaines des protections législatives les plus complètes en Amérique du Nord en matière de droits individuels et de non-discrimination. Le Code civil du Québec et *la Charte québécoise* garantissent l'égalité devant la loi, le droit à la dignité et la protection contre les biais systémiques.

Cependant, ces protections juridiques formelles deviennent entièrement inefficaces lorsqu'elles sont confrontées à des institutions profondément corrompues et culturellement fermées comme le Service de police de Gatineau. Mis à part les rares affaires médiatisées qui attirent l'attention externe et forcent une réponse temporaire de relations publiques, les opérations quotidiennes des forces policières municipales se déroulent dans une impunité complète. Les policiers sur le terrain violent régulièrement les droits humains et civils les plus fondamentaux des citoyens racisés, sachant que les mécanismes internes d'examen, les tribunaux locaux et la classe politique les protégeront. Cette dynamique transforme les libertés civiles garanties par la loi en promesses vides, faisant en sorte que l'État de droit s'arrête là où commence l'affirmation d'une autorité ethnonationaliste.

Le fardeau économique de l'insularité

Les conséquences économiques de cette insularité structurelle et de cette approche policière agressive sont graves et étendues, compromettant la viabilité économique à long terme du Québec. En privilégiant l'uniformité ethnique au détriment du mérite ouvert et en s'appuyant sur l'intimidation policière pour réprimer la dissidence, la province crée un environnement qui freine l'innovation, décourage les investissements directs étrangers et gaspille ses ressources humaines. Dans une économie mondiale du savoir fondée sur la diversité des perspectives, l'adaptabilité et les réseaux internationaux, un système qui filtre les talents selon l'ascendance ou la conformité religieuse — et qui, à certains moments, patrouille ses rues comme s'il s'agissait d'un territoire occupé — se place lui-même dans une position de désavantage concurrentiel marqué.

Le sous-emploi chronique des minorités visibles hautement scolarisées représente un immense gaspillage de capital humain. Lorsque des scientifiques agricoles ayant grandi localement travaillent comme livreurs et que des universitaires sont confinés à des postes administratifs de premier niveau en raison de biais d'embauche et de restrictions liées à la laïcité de l'État, l'économie perd en productivité, en contributions fiscales et en capacité d'innovation. Cette mauvaise allocation des ressources contribue au retard du Québec dans plusieurs indicateurs économiques clés, notamment une croissance plus faible du PIB par habitant et une productivité du travail inférieure à celle de juridictions comparables en Amérique du Nord. L'approche économique de la province repose fréquemment sur l'intervention de l'État et sur le subventionnement de grandes entreprises historiques au détriment des petites et moyennes entreprises agiles dirigées par des minorités. Cette approche tend à renforcer les modèles industriels existants plutôt qu'à favoriser l'émergence de secteurs nouveaux et innovateurs.

Le produit inévitable de cet environnement hostile est une fuite constante des cerveaux. Les minorités et les professionnels formés localement qui refusent d'accepter le sous-emploi, la marginalisation politique ou le harcèlement policier quittent régulièrement la province. Les professionnels noirs et immigrants de Gatineau traversent fréquemment la rivière pour s'établir de façon permanente en Ontario, transférant leurs entreprises, leurs compétences et leurs revenus fiscaux vers l'économie d'Ottawa.

Cette fuite des talents prive le Québec d'un capital humain essentiel, particulièrement dans des domaines à forte croissance comme les technologies numériques, les biotechnologies, la finance internationale et les sciences environnementales. La province éloigne activement les populations jeunes, éduquées et multilingues nécessaires au maintien de son avenir économique. Ce qui demeure est un noyau démographique vieillissant et en diminution, de plus en plus dépendant du soutien public.[51]

Corruption enracinée et mauvaise utilisation des ressources publiques

Un système sociopolitique qui privilégie l'insularité démographique et la solidarité ethnique au détriment de la transparence et d'une reddition de comptes objective crée un environnement idéal pour la corruption systémique. Lorsque la surveillance institutionnelle est concentrée au sein d'un réseau restreint d'individus partageant les mêmes origines, formations et cercles sociaux, les mécanismes traditionnels de contrôle et d'équilibre tendent à se désagréger. Une identité commune peut facilement mener à une protection mutuelle, transformant les institutions publiques en réseaux servant leurs propres intérêts, où les ressources publiques sont détournées au bénéfice du groupe dominant.

L'histoire de la corruption au Québec est bien documentée, notamment par des enquêtes majeures comme la Commission Charbonneau, qui a révélé une collusion généralisée, de la corruption et des pratiques de fixation des prix dans l'attribution des contrats publics de construction. Cette corruption systémique est directement liée au caractère insulaire des réseaux politiques et économiques québécois. Dans un environnement où l'accès aux contrats publics influents, aux postes administratifs supérieurs et aux subventions gouvernementales dépend fortement des relations personnelles au sein de la clique dominante, la reddition de comptes provenant de l'extérieur est réduite au minimum. Les contrats sont fréquemment distribués au sein d'un cercle fermé d'entreprises historiques, faisant gonfler les coûts des infrastructures publiques bien au-delà des moyennes nationales et entraînant un gaspillage des fonds publics.

Cette insularité affaiblit la transparence et l'accès à l'information au sein de l'administration provinciale. Les lois québécoises sur l'accès à l'information comportent de larges exceptions permettant aux ministères et aux organismes publics de retenir des données essentielles au regard du public, protégeant ainsi les décisions bureaucratiques contre l'examen externe.

Lorsque les organismes de surveillance, les instances d'enquête et le pouvoir judiciaire sont dirigés par des individus provenant du même milieu socioculturel, la reddition de comptes structurelle est compromise. Les manquements gouvernementaux peuvent facilement être protégés contre les conséquences en présentant les critiques externes comme une attaque envers l'identité collective de la province. Cette stratégie transforme efficacement la solidarité culturelle en outil de protection des acteurs fautifs au sein des services policiers municipaux, de la fonction publique et de l'appareil politique, leur permettant d'opérer avec un degré élevé d'impunité.

Le paradoxe des paiements de transfert

L'ensemble de cet appareil institutionnel insulaire est soutenu par une profonde ironie structurelle : sa viabilité financière dépend du cadre fédéral canadien plus large. Le vaste secteur public québécois, ses programmes sociaux généreux et ses sociétés d'État subventionnées sont largement soutenus par le programme fédéral de péréquation. Ce système redistribue les revenus fiscaux provenant de l'ensemble du Canada afin de garantir que les provinces puissent offrir des services publics comparables.

Cette dynamique crée une contradiction économique frappante. Les fonds qui soutiennent la fonction publique québécoise, son système judiciaire et ses services policiers aux pratiques abusives proviennent d'un bassin fiscal fédéral financé par l'ensemble des Canadiens. Cela inclut précisément les populations diverses, noires, musulmanes et immigrantes dont le Québec dévalorise les qualifications professionnelles et dont il restreint les libertés civiles au moyen de mesures comme la Loi 21.[52]

Les travailleurs racisés de Toronto, Vancouver, Calgary et de l'autre côté de la rivière, à Ottawa, contribuent leurs revenus fiscaux au trésor fédéral. Ces fonds sont ensuite transférés à un gouvernement provincial qui utilise son pouvoir administratif pour exclure ces mêmes communautés — même celles élevées et formées à l'intérieur de ses propres frontières — de la participation à son économie ou à sa direction institutionnelle.

Ce paradoxe affaiblit l'autorité morale des politiques ethnonationalistes de l'État provincial. L'élite dirigeante utilise le partage des ressources fédérales pour financer un modèle social insulaire, protégeant ses institutions des conséquences financières de ses pratiques discriminatoires en matière d'emploi et de l'inefficacité qui en découle.

En utilisant les paiements de transfert fédéraux pour équilibrer son budget, le gouvernement provincial peut se permettre d'aliéner des professionnels issus de minorités détenant des diplômes canadiens, de tolérer des taux élevés de sous-emploi local et de maintenir un modèle économique inefficace en circuit fermé. Cette dynamique permet à l'État de préserver une structure institutionnelle rigide et non compétitive tout en obligeant l'ensemble de la population canadienne à subventionner son insularité.

Le coût de l'érosion démocratique et judiciaire

Les dommages ultimes causés par cette exclusion systématique dépassent largement l'inefficacité économique et le gaspillage financier ; ils minent l'intégrité fondamentale des institutions démocratiques et judiciaires de la province. Un système juridique qui ne reflète pas la diversité de la communauté qu'il dessert perd sa légitimité. Lorsque des populations diverses interagissent avec une magistrature, une force policière municipale comme celle de Gatineau et une bureaucratie d'État qui semblent entièrement homogènes, ces institutions sont de plus en plus perçues non pas comme des gardiennes impartiales du bien public, mais comme des instruments conçus pour maintenir le statut et le contrôle d'un seul groupe démographique.

Cette érosion de la confiance entraîne de graves conséquences pour la sécurité publique et la cohésion sociale. Dans les communautés racisées et religieuses, les expériences de profilage systémique par les forces de l'ordre, combinées à un manque de représentation au sein de la direction policière et des organismes de surveillance, alimentent une profonde méfiance institutionnelle. Cette aliénation réduit la participation citoyenne, diminue l'engagement envers les institutions publiques et affaiblit le contrat social plus large.

Lorsque les populations marginalisées constatent que la magistrature et l'administration publique leur sont fermées, elles cherchent naturellement des structures alternatives d'entraide et de sécurité, ce qui mène à une fragmentation sociale. L'insistance de la province sur la conformité culturelle plutôt que sur une véritable inclusion civique fragmente la société en groupes démographiques distincts, minant la confiance commune nécessaire au maintien d'un État démocratique sain.[53]

En définitive, l'insularité structurelle du Québec crée un cycle autoalimenté d'exclusion et de stagnation. En utilisant la langue comme bouclier idéologique, l'élite dirigeante protège un réseau fermé de favoritisme et d'autorité, isolant ses membres à la fois de la concurrence économique externe et d'une véritable reddition de comptes publique. Ce modèle a un coût considérable.

La dévalorisation systématique du capital humain, la tolérance envers la corruption institutionnelle et la dépendance aux ressources financières fédérales se combinent pour freiner l'innovation et compromettre l'intégrité du cadre démocratique de la province. L'histoire d'Amina constitue un avertissement clair : une société qui choisit l'uniformité ethnique au détriment du mérite ouvert, et qui privilégie le favoritisme corporatif et bureaucratique plutôt qu'une véritable reddition de comptes, risque de compromettre son propre avenir, la laissant mal préparée à répondre aux exigences d'un monde diversifié et interconnecté.

DEUXIÈME PARTIE

La machinerie juridique de l'exclusion systémique

CHAPITRE 7

L'instrumentalisation du Code civil

Le mythe persistant du droit civil québécois repose sur son engagement proclamé envers la cohérence logique, l'accessibilité et la clarté universelle. Contrairement aux systèmes de common law fluides et fondés sur les précédents des autres provinces canadiennes, le Code civil du Québec et son Code de procédure civile complémentaire sont présentés par les élites juridiques comme des monuments d'égalitarisme rationnel. On affirme au public que ces codes existent afin de démystifier le droit, en offrant à chaque individu — indépendamment de sa richesse, de son statut ou de ses origines — une feuille de route transparente vers la justice.

Toutefois, une analyse de l'évolution du droit administratif québécois révèle une réalité beaucoup plus insidieuse. Au fil de plusieurs décennies, l'establishment politique et judiciaire a discrètement et méthodiquement procédé à une série de modifications structurelles des codes civils et administratifs de la province. Il ne s'agissait pas d'un exercice de modernisation réglementaire, mais d'une campagne calculée et à long terme visant à réimaginer le droit procédural, transformant les règles du jeu en un système insurmontable d'usure institutionnelle conçu pour épuiser, ruiner financièrement et réduire au silence les justiciables en matière de droits de la personne.[54]

Le changement historique : de l'équité substantielle aux barrières procédurales

Pour comprendre comment le Code civil a été retourné contre le citoyen, il faut retracer les changements historiques dans la manière dont les tribunaux administratifs et les cours du Québec traitent les recours dirigés contre l'État. Historiquement, le concept de *common law* d'équité — le principe selon lequel le droit doit fournir un recours équitable lorsque l'application rigide de règles législatives produit un résultat inacceptable — représentait une menace profonde pour l'autorité paternaliste de la classe dirigeante québécoise. En réponse, les régimes législatifs successifs ont éliminé la flexibilité équitable du droit administratif, la remplaçant par un formalisme procédural inflexible et hypertechnique.

LE REMPART CODIFIÉ : L'INSTRUMENTALISATION PROCÉDURALE AU QUÉBEC	
DROIT SUBSTANTIEL	BARRIÈRE PROCÉDURALE (LE REMPART)
• Droit de présenter une demande pour discrimination	• Seuil élevé pour les requêtes abusives
• Accès à la révision administrative	• Présélection secrète par des personnes nommées politiquement
• Recours constitutionnel	• Garantie obligatoire pour les frais et transfert des coûts

Grâce à de subtils amendements au Code de procédure civile, l'élite a construit un rempart juridique autour des institutions de l'État. Elle a introduit des définitions élargies de « l'abus de procédure » et de la « conduite vexatoire », abaissant volontairement le seuil nécessaire pour permettre à des acteurs étatiques — comme les forces policières municipales ou les ministères gouvernementaux

— de faire rejeter la poursuite d'un citoyen avant même qu'elle n'atteigne un procès sur le fond.[55]

Ces mécanismes procéduraux ont été explicitement conçus pour protéger le statu quo institutionnel contre toute exposition. Lorsqu'un justiciable racisé présente une demande alléguant une corruption policière systémique ou un biais judiciaire, l'État ne répond pas au fond de l'accusation. Au contraire, les avocats gouvernementaux déploient immédiatement une série de requêtes préventives visant à faire échec à la procédure. En privilégiant la conformité procédurale au détriment de la justice substantielle, le nouveau clergé a fait en sorte que la fonction première du tribunal ne consiste plus à déterminer si les droits d'un citoyen ont été violés, mais plutôt à vérifier si ce citoyen a exécuté ses documents juridiques avec une conformité absolue et sans faille.

Les tribunaux administratifs et l'illusion d'une justice sommaire

L'instrumentalisation du droit se fait sentir avec le plus d'acuité au sein des tribunaux administratifs spécialisés de la province, notamment le *Tribunal administratif du Québec* (TAQ) et l'infrastructure des droits de la personne. Ces organismes avaient initialement été présentés au public comme des instances informelles et peu coûteuses où les citoyens pouvaient contester les excès bureaucratiques sans avoir besoin d'une représentation juridique coûteuse.[56]

En pratique, l'élite a transformé ces tribunaux en gouffres bureaucratiques. Par un sous-financement délibéré, des arriérés administratifs provoqués et la nomination d'arbitres hautement partisans et nationalistes, l'État a transformé une justice autrefois efficace en un processus de torture psychologique et financière. Une plainte en matière de droits de la personne déposée par un justiciable issu d'une minorité visible non représenté par un avocat est régulièrement soumise à des années de délais administratifs. Pendant cette période intermédiaire, l'État utilise ses ressources financières illimitées pour multiplier les appels et les requêtes interlocutoires, forçant le justiciable vulnérable à défendre des points procéduraux mineurs devant les cours supérieures.

De plus, les règles encadrant la preuve au sein de ces tribunaux ont été considérablement modifiées afin de favoriser l'État. Alors qu'un demandeur individuel est soumis à des délais stricts et inflexibles pour produire ses divulgations, les acteurs étatiques obtiennent régulièrement de vastes prolongations sous prétexte de « nécessité administrative ». Cette asymétrie structurelle garantit qu'au moment où une affaire est finalement entendue, le justiciable a été dépouillé de ses économies, épuisé émotionnellement et isolé structurellement. Le processus lui-même devient la punition, agissant comme un outil particulièrement efficace de confinement des minorités.[57]

L'interdiction *Quia Timet* et la criminalisation du recours à la justice

La manifestation ultime de cette tyrannie codifiée est le recours à des interdictions judiciaires préventives, de plus en plus utilisées pour dépouiller les défenseurs des droits de la personne de leur droit constitutionnel d'accéder aux tribunaux. Comme le démontre la persécution de Raymond Carby-Samuels, la magistrature québécoise a détourné le concept de l'injonction *quia timet* — traditionnellement un recours exceptionnel utilisé pour prévenir un préjudice imminent et irréparable — afin d'en faire une arme offensive destinée à réduire définitivement au silence les critiques du racisme d'État.

Lorsqu'un justiciable refuse d'être intimidé par le parcours procédural imposé par l'État, la cabale judiciaire abandonne le simulacre de neutralité. Des décisions comme celle du juge Piché démontrent qu'un citoyen noir réclamant des droits égaux est perçu comme une menace existentielle directe pour l'ordre social. Afin de protéger la réputation irréprochable de l'État, le tribunal exerce ce qui ne peut être décrit que comme une excommunication judiciaire. En imposant des interdictions générales et permanentes empêchant un citoyen de déposer toute future demande en matière de droits de la personne ou toute poursuite civile sans l'autorisation écrite préalable d'un juge de la Cour supérieure, la magistrature neutralise juridiquement l'individu.[58]

Cette pratique criminalise essentiellement le fait même de chercher réparation devant la justice. Elle crée un précédent profondément troublant où une victime de profilage policier continu ou de discrimination institutionnelle se voit légalement empêchée d'entrer dans un palais de justice pour obtenir une protection. Le message du nouveau clergé est clair : si vous refusez d'accepter votre position subordonnée au sein de la hiérarchie tribale, l'État utilisera tout le poids du Code civil pour effacer votre personnalité juridique, vous laissant complètement impuissant face à la violence incontrôlée de l'État.

CHAPITRE 8

La clause dérogatoire, le racisme anti-Noir et la mort de l'État de droit

Le mécanisme juridique ultime de préservation tribale et de maintien d'une hiérarchie sociale racialisée au Québec est l'invocation préventive de la clause dérogatoire. En utilisant l'article 33 de la Charte canadienne des droits et libertés afin de protéger des lois ethnonationalistes de grande portée comme la Loi 21 et la Loi 96, l'élite dirigeante place explicitement ses politiques entièrement hors de portée du contrôle constitutionnel. Ce contournement calculé représente un rejet fondamental de l'État de droit. Il dépouille la magistrature de son devoir démocratique essentiel : protéger les minorités vulnérables contre les excès de la majorité. En reléguant les droits de la personne au second plan derrière la survie de l'État, le nouveau clergé cherche à normaliser un pouvoir absolu antidémocratique, créant une forteresse juridique impénétrable où le racisme anti-Noir peut être systématiquement pratiqué, défendu et étendu avec une impunité totale de l'État.

L'immunité comme bouclier de la suprématie blanche

L'inclusion de l'article 33 dans la Loi constitutionnelle de 1982 avait initialement été envisagée par ses architectes historiques comme une soupape de sécurité démocratique rare, utilisée en dernier recours. Elle devait permettre de résoudre des désaccords profonds et bloqués entre les législatures élues et une magistrature interventionniste sur des questions sociales hautement sensibles. Dans une démocratie constitutionnelle saine, la clause est comprise comme un bouclier défensif, utilisé avec une extrême prudence puisqu'elle suspend temporairement des droits fondamentaux de la personne.[59]

Entre les mains de l'élite québécoise moderne, toutefois, la clause a subi une transformation dangereuse. Elle n'est plus considérée comme une exception constitutionnelle rare ; elle est désormais utilisée comme un outil offensif, agressif et préventif de gouvernance étatique conçu pour préserver une suprématie ethno-tribale blanche et francophone dominante. Lorsque le gouvernement rédige des lois destinées à imposer une uniformité tribale, il n'attend pas qu'un tribunal détermine si la loi porte atteinte aux libertés individuelles. Au contraire, le pouvoir exécutif insère la clause dérogatoire directement dans le texte du projet de loi dès son introduction.

Cette invocation crée un état d'immunité juridique permanente pour le racisme anti-Noir institutionnel. Elle envoie aux citoyens noirs, à la communauté juridique et au monde entier le message que les objectifs nationalistes du Québec ne sont soumis à aucune norme universelle de dignité humaine. En exécutant cette manœuvre, le premier ministre et la cabale dirigeante s'assurent que la magistrature est juridiquement neutralisée en matière de droits civils. Même un juge indépendant qui souhaiterait protéger un citoyen noir contre un profilage racial flagrant, des barrières discriminatoires à l'emploi ou des violences policières systémiques verrait la compétence du tribunal retirée par l'utilisation préventive de l'article 33. L'État de droit est ainsi remplacé par la volonté absolue et sans limite d'une majorité politique déterminée à maintenir spécifiquement les personnes noires, aux côtés d'autres minorités et des communautés autochtones, dans un état de subordination sociale et juridique permanente.[60]

La normalisation de l'autocratie étatique anti-Noir

Le danger systémique de cette approche réside dans la manière dont elle normalise une autocratie politique anti-Noir au sein d'un cadre supposément démocratique. Lorsqu'un État suspend régulièrement les droits constitutionnels de sa population afin de protéger un consensus culturel blanc fabriqué, il modifie fondamentalement le contrat psychologique entre le citoyen noir et l'État. Les droits individuels ne sont plus considérés comme des attributs humains inhérents et inaliénables que le gouvernement doit respecter. Ils sont plutôt réduits à des privilèges temporaires, accordés à l'entière discrétion du clergé dirigeant et retirés dès qu'une personne noire s'écarte du rôle soumis d'un consommateur passif.

Cette normalisation permet à l'État de manipuler la perception du public et des observateurs internationaux tout en dissimulant un racisme anti-Noir virulent derrière une rhétorique progressiste. L'élite peut maintenir l'illusion élaborée d'une démocratie fonctionnelle et progressiste parce que les tribunaux demeurent ouverts, que les élections continuent d'avoir lieu et que l'Assemblée nationale poursuit ses débats. Pourtant, il s'agit d'une démocratie vidée de sa substance. En retirant aux personnes noires la possibilité de contester constitutionnellement un tribalisme sanctionné par l'État, l'élite a créé un écosystème juridique fermé et autoréférentiel. Dans cet écosystème, le racisme structurel est protégé contre l'examen rigoureux de l'égalité imposé par la Charte. L'État peut imposer une exclusion systémique sous le couvert protecteur des « choix collectifs », tout en s'immunisant complètement contre les conséquences juridiques de ses actions discriminatoires.[61]

La suppression de la dissidence et l'effacement de la personnalité civique noire

Pour les citoyens noirs indépendants qui refusent d'accepter une position subordonnée au sein de cette hiérarchie tribale, l'utilisation préventive de la clause dérogatoire entraîne des conséquences catastrophiques dans le monde réel. En théorie, lorsqu'un citoyen noir est confronté au racisme systémique, au profilage policier brutal ou à l'exclusion institutionnelle, *la Charte canadienne des droits et libertés* et *la Charte québécoise* constituent leur ultime bouclier. Ce sont les protections juridiques qui permettent à un individu marginalisé et non représenté de se tenir sur un pied d'égalité face aux ressources infinies de l'État.

Lorsque l'État retire ce bouclier par l'article 33, il prive les Canadiens noirs du Québec de leur personnalité civique. Comme Raymond Carby-Samuels l'a découvert dans ses luttes contre l'appareil provincial, la suspension des mécanismes de contrôle constitutionnel crée un environnement de violence institutionnelle sans limites, spécifiquement dirigée contre les hommes noirs qui exigent une reddition de comptes. Des décisions comme celle du juge Piché sont directement rendues possibles par ce climat de dérive juridique normalisée. Lorsque les cadres juridiques les plus élevés du pays sont traités comme de simples suggestions optionnelles par les dirigeants politiques, les tribunaux inférieurs se sentent autorisés à abandonner les principes fondamentaux de la justice naturelle.[62]

Sans la surveillance exercée par la responsabilité constitutionnelle, la magistrature devient un mécanisme d'application du racisme anti-Noir. Elle peut alors retirer sans difficulté l'accès futur aux tribunaux à une victime noire des droits de la personne qui refuse de se soumettre, sachant que le système juridique plus large a déjà subordonné les protections individuelles à la préservation du prestige de l'État. La clause dérogatoire peut parfois protéger certains textes législatifs précis ; toutefois, lorsqu'elle est mal utilisée, elle crée toute une culture d'arrogance judiciaire et bureaucratique qui considère la défiance noire comme une menace existentielle pour la nation. Elle envoie à chaque service de police, chaque fonctionnaire administratif et chaque juge le message que l'objectif premier de l'État est de maintenir un ordre social raciste et tribal, et que tout citoyen noir qui se considère comme l'égal des élites blanches du Québec peut être écrasé avec une impunité totale.

L'illusion de la survie et la réalité de l'exclusion anti-Noir

En définitive, l'utilisation de la clause dérogatoire expose la profonde fragilité et l'animosité anti-Noir profondément enracinée au cœur du projet nationaliste québécois. Le nouveau clergé affirme que cette mesure juridique extrême constitue une nécessité défensive, requise afin d'assurer la survie d'une société distincte sur un vaste continent anglophone. Il présente la suspension des droits des minorités comme un noble acte d'autopréservation culturelle.[63]

Toutefois, cette justification constitue une fausse représentation cynique. Le véritable objectif de ce contournement constitutionnel est la consolidation d'un pouvoir politique exclusif sur le plan racial et échappant à toute reddition de comptes. En élevant la plateforme nationaliste de l'État au rang de religion civile intouchable et en utilisant l'article 33 pour protéger ses dogmes, l'élite s'assure que son autorité ne pourra jamais être contestée par les militants noirs, les justiciables en matière de droits civils ou les organismes internationaux de défense des droits de la personne. Elle utilise la peur de l'effacement culturel pour convaincre la majorité de la population que l'antiracisme et les droits de la personne constituent un luxe dangereux et étranger qui doit être sacrifié pour le bien de la tribu.

Ce faisant, elle a réussi à remplacer l'ancienne autocratie cléricale de l'époque pré-Révolution tranquille par un système moderne et sécularisé de confinement racial. Pour les citoyens noirs qui réclament l'égalité, des procès équitables et une société juste, l'architecture constitutionnelle du Québec représente une porte absolument fermée. Il s'agit d'un système où les lois suprêmes du pays sont neutralisées afin de protéger une hégémonie blanche, garantissant que les promesses fondamentales de non-discrimination sont refusées de façon permanente à ceux qui refusent de s'incliner devant le nouveau clergé.

CHAPITRE 9

L'apartheid linguistique dans les palais de justice

L'évolution stratégique de l'appareil d'État ethno-tribal du Québec repose sur une matrice d'exclusion à plusieurs niveaux. Il s'agit d'un système où les structures législatives, judiciaires et bureaucratiques interagissent afin de priver systématiquement les minorités racisées de leurs droits. Après avoir établi un mur extérieur d'immunité constitutionnelle par l'invocation préventive de la clause dérogatoire, l'élite séculière a construit sa ligne de défense intérieure directement au sein des mécanismes administratifs de l'État.

Cette défense intérieure trouve son expression la plus puissante dans la Loi 96. Officiellement intitulée « Loi sur la langue officielle et commune du Québec, le français », cette loi est présentée comme une mesure progressiste visant à protéger une langue minoritaire. En réalité, la Loi 96 fonctionne comme un système hautement coordonné de ségrégation linguistique au sein des organismes juridiques et administratifs de la province. Dans les palais de justice, ces obligations linguistiques strictes sont délibérément instrumentalisées afin d'isoler, de désorienter et d'épuiser les justiciables noirs. En transformant le processus judiciaire en parcours d'obstacles linguistiques, le nouveau clergé veille à ce que les victimes du racisme anti-Noir soient privées des outils nécessaires pour mener des contestations juridiques efficaces contre l'État.

L'instrumentalisation des obligations linguistiques administratives

Sous les directives strictes de la Loi 96, l'administration provinciale a imposé une politique rigide du « français uniquement » au sein des organismes gouvernementaux, des sociétés d'État et des organismes quasi judiciaires. Pour un citoyen noir indépendant naviguant dans le système judiciaire, cette politique élimine efficacement l'accès fondamental aux recours juridiques. Dans une société démocratique normale, un justiciable a le droit de recevoir des communications rapides et exactes concernant ses droits juridiques dans une langue qu'il comprend pleinement. Dans l'autocratie séculière du Québec, toutefois, l'État utilise activement la langue comme un outil de guerre psychologique.

Les justiciables noirs en matière de droits de la personne cherchant à demander des comptes aux institutions étatiques — comme les forces policières municipales ou les tribunaux des droits de la personne — se voient régulièrement refuser des traductions en anglais de documents juridiques essentiels. Les ordonnances judiciaires, les dossiers de requêtes, les transcriptions et les directives procédurales sont délivrés exclusivement en français. Lorsque des justiciables noirs non représentés demandent des services d'interprétation de base ou des documents traduits afin de comprendre la cause portée contre eux, le personnel administratif et les greffiers judiciaires refusent régulièrement ces demandes, invoquant les interdictions législatives adoptées en vertu de la Loi 96.[64]

Il ne s'agit pas d'un simple oubli administratif ; il s'agit d'une stratégie calculée de confinement juridique. En forçant un justiciable noir anglophone ou allophone à interpréter entièrement par lui-même des procédures complexes et techniques du Code civil, l'État se protège par une désorientation cognitive. La porte du palais de justice devient une frontière linguistique, garantissant que le justiciable soit enseveli sous une montagne de subtilités procédurales avant même de pouvoir présenter les arguments de fond de sa demande.

Le coût financier et psychologique de l'usure linguistique

La conséquence ultime de cette ségrégation linguistique est l'épuisement financier et psychologique rapide du justiciable. Dans une procédure civile ordinaire, l'État utilise ses ressources infinies financées par les contribuables afin de retarder, détourner et prolonger les litiges. Lorsque des politiques linguistiques instrumentalisées sont introduites dans cette dynamique, le déséquilibre des pouvoirs devient absolu.

LE PARCOURS D'OBSTACLES LINGUISTIQUE DU TRIBALISME QUÉBÉCOIS
ÉTAPE 1 : ÉMISSION EXCLUSIVE EN FRANÇAIS
L'État émet des ordonnances judiciaires et des transcriptions uniquement en français, refusant l'accès constitutionnel à la langue.
ÉTAPE 2 : DÉSORIENTATION PROCÉDURALE
Les justiciables noirs non représentés sont forcés de décoder des règles complexes du Code civil sans interprétation.
ÉTAPE 3 : ÉPUISEMENT FINANCIER
Les justiciables sont contraints de payer des frais privés exorbitants pour obtenir des traductions certifiées d'actes émis par l'État.
ÉTAPE 4 : REJET ADMINISTRATIF
Les tribunaux rejettent la demande du justiciable non représenté pour des erreurs techniques de procédure avant même que la preuve ne soit entendue.

Pour participer à leurs propres poursuites, les demandeurs noirs sont forcés d'engager des traducteurs privés certifiés et coûteux simplement pour lire les requêtes de l'État ou traduire leurs propres documents de preuve en français. Pour une personne non représentée qui fait déjà face à une marginalisation économique en raison de barrières systémiques à l'emploi, ces coûts de traduction agissent comme une exécution financière immédiate. Le système impose délibérément un choix : se ruiner financièrement afin de respecter les obligations linguistiques, ou abandonner complètement la demande en matière de droits de la personne.

Cette stratégie d'usure atteint exactement l'objectif recherché par le nouveau clergé : le confinement passif de la population minoritaire. En veillant à ce que l'arène juridique soit fondamentalement hostile à ceux qui n'appartiennent pas au groupe culturel dominant, l'élite protège ses institutions contre tout examen, dissimulant ainsi la mécanique quotidienne de la discrimination anti-Noir derrière un mur de silence bureaucratique fabriqué.[65]

La complicité des tribunaux provinciaux des droits de la personne

Cette culture d'immunité linguistique et constitutionnelle a contaminé les organismes mêmes qui ont été créés pour protéger les citoyens contre la discrimination : l'infrastructure provinciale des droits de la personne. *La Commission des droits de la personne et des droits de la jeunesse* (CDPDJ) et le Tribunal spécialisé des droits de la personne sont présentés au public comme des refuges indépendants et accessibles pour les victimes de préjugés. Toutefois, dans un contexte de normalisation de l'absence de respect du droit constitutionnel, ces organismes ont été entièrement détournés par l'élite séculière.

Au lieu d'agir comme un bouclier pour les personnes vulnérables, le système des tribunaux des droits de la personne fonctionne comme un mécanisme particulièrement efficace de rejet des plaintes liées au racisme anti-Noir. Cette trahison systémique est réalisée par plusieurs mécanismes administratifs coordonnés :

1. **L'effacement du contexte systémique** : les décideurs et les enquêteurs refusent systématiquement de reconnaître l'existence du racisme anti-Noir structurel ou institutionnel. Chaque plainte de profilage policier ou de discrimination corporative est volontairement isolée et traitée comme un malentendu individuel anormal, indépendamment des tendances documentées de préjugés raciaux.

2. **L'instrumentalisation des retards administratifs discrétionnaires** : les demandes déposées par des victimes noires sont soumises à des délais administratifs paralysants de plusieurs années. La Commission conserve régulièrement des dossiers pendant des années avant de lancer une enquête significative, garantissant ainsi que des éléments de preuve essentiels disparaissent, que les témoins se dispersent et que le justiciable s'épuise émotionnellement.[66]
3. **La nomination de gardiens idéologiques** : la sélection des membres des tribunaux et des commissaires est fortement politisée. Le bureau du premier ministre veille à ce que ces postes soient occupés par des personnes nommées issues des milieux nationalistes et loyales envers la religion civile de l'État. Ces gardiens considèrent qu'il est de leur devoir civique de protéger les institutions publiques — particulièrement les forces policières municipales — contre la stigmatisation d'être qualifiées de racistes.

Lorsqu'un citoyen noir informé dépose une plainte auprès de la Commission, il n'y trouve pas un allié ; il y trouve un second front adversarial. Le tribunal utilise son vaste pouvoir discrétionnaire prévu par la loi afin d'imposer des seuils de preuve pratiquement impossibles aux demandeurs racisés. À l'inverse, il accepte comme véridiques les témoignages non corroborés et intéressés des acteurs étatiques. Lorsqu'un justiciable conteste cette manipulation institutionnelle de sa réalité, le tribunal utilise ses règles procédurales pour rejeter l'action comme étant « frivole » ou « vexatoire ». En transformant un refuge en matière de droits de la personne en instrument de défense de l'État, le nouveau clergé veille à ce que les promesses d'égalité des droits et de non-discrimination contenues dans *la Charte québécoise* demeurent rien de plus qu'une illusion cruelle et performative.

La collusion exécutive : le bureau du premier ministre et les syndicats policiers municipaux

La suppression systémique de la résistance civique noire ne résulte pas d'échecs institutionnels non coordonnés ; elle représente une alliance délibérée et calculée opérant aux plus hauts niveaux de l'autorité provinciale. Le cadre d'illégalité juridique établi par la clause dérogatoire a permis la création d'un cercle étroit et corrompu de collusion entre le bureau du premier ministre, la direction judiciaire et de puissants syndicats policiers municipaux.

LA PORTE TOURNANTE DES PROTECTIONS DE L'ÉTAT	
BUREAU DU PREMIER MINISTRE	**SYNDICATS POLICIERS MUNICIPAUX**
• Établit l'idéologie tribale et le déni du racisme structurel.	• Imposent un contrôle de terrain de la population noire.
• Invoque l'article 33 pour bloquer les contestations constitutionnelles contre l'État.	• Fournissent un soutien politique essentiel et des votes majoritaires.
• Nomme des juges loyaux pour persécuter les victimes de violations des droits de la personne.	• Utilisent les syndicats comme arme pour bloquer les réformes disciplinaires.

Dans une démocratie constitutionnelle saine, le pouvoir exécutif est censé tenir les forces de l'ordre responsables, en veillant à ce que le monopole de la violence soit exercé dans le strict respect des normes relatives aux droits de la personne. Au Québec, cette dynamique est inversée. Le bureau du premier ministre considère les forces policières municipales — comme celles de Gatineau et de Montréal — comme la garde prétorienne de première ligne de l'ordre social ethno-tribal. La police applique un contrôle de terrain sur la population noire, veillant à ce que les minorités racisées demeurent intimidées, surveillées et structurellement subordonnées.[67]

En échange de cette application de l'ordre, l'élite politique accorde aux forces policières une protection institutionnelle totale et inébranlable. Lorsque le Service de police de Gatineau est accusé de racisme anti-Noir généralisé et persistant, le bureau du premier ministre ne lance pas d'enquête indépendante. Au contraire, il agit de concert avec la direction syndicale policière afin de mobiliser l'ensemble de l'appareil juridique et des relations publiques de l'État pour soustraire les policiers à toute reddition de comptes.

Cette collusion se manifeste de trois façons distinctes :

1. **Les dénis politiques et la protection du prestige policier** : le premier ministre et ses ministres du cabinet publient constamment des déclarations niant l'existence du racisme systémique au sein des forces de l'ordre. En présentant toute accusation de profilage policier comme une attaque contre l'intégrité de tous les Québécois, le pouvoir exécutif transforme une question de droits de la personne en un cri de ralliement nationaliste. Cette rhétorique politique indique aux tribunaux judiciaires et administratifs que tenir la police responsable du racisme anti-Noir est politiquement inacceptable, dictant ainsi efficacement l'issue des litiges en cours depuis la salle de presse.
2. **L'instrumentalisation du bureau du procureur général** : en tant que principal conseiller juridique de la province, le procureur général agit comme le bras opérationnel de cette collusion. Lorsqu'un citoyen noir tente de contester le racisme policier par voie de litige civil, le procureur général ne demeure pas neutre. Au contraire, les avocats du gouvernement interviennent directement au nom des forces policières accusées, en déployant des requêtes procédurales de mauvaise foi, en dissimulant des dossiers disciplinaires internes et en utilisant les ressources financières infinies de l'État pour mener une campagne d'usure juridique totale contre la victime.
3. **Les nominations judiciaires et l'anéantissement procédural** : le bureau du premier ministre utilise son pouvoir de nomination judiciaire pour remplir les tribunaux provinciaux d'idéologues loyaux. Ces juges, opérant dans l'ombre d'une direction judiciaire compromise, comprennent parfaitement leur rôle. Lorsqu'un citoyen noir indépendant engage une contestation systémique qui menace d'exposer l'alliance corrompue entre les forces de l'ordre et l'État, le pouvoir judiciaire abandonne le masque d'une justice impartiale. Comme le démontrent les décisions draconiennes de la juge Piché,

le tribunal agit rapidement pour protéger la police en persécutant politiquement le demandeur — le privant de son accès futur au système judiciaire et l'excommuniant légalement des tribunaux.[68]

Cette boucle corrompue de pouvoir absolu garantit que la police puisse cibler, profiler et violer les droits des citoyens noirs avec une impunité totale sanctionnée par l'État. Le bureau du premier ministre fournit la couverture idéologique et l'immunité constitutionnelle ; le procureur général fournit la force juridique ; et le pouvoir judiciaire fournit l'exécution procédurale finale. Ensemble, ils ont construit un système fermé d'illégalité juridique où l'espoir de procès équitables, d'égalité des droits et d'une société juste est anéanti pour tout citoyen noir qui ose se tenir comme un égal et contester la tyrannie du nouveau clergé.

L'inversion juridique des droits de la personne par le procureur général

La hiérarchie structurelle ne se limite pas aux discours politiques ; elle est activement codifiée par le procureur général dans les actes de procédure déposés devant les tribunaux afin de protéger les forces de l'ordre contre toute reddition de comptes constitutionnelle. Lorsqu'ils défendent des forces policières municipales comme le SPVG ou le SPVM contre des poursuites pour profilage racial, les avocats du gouvernement instrumentalisent régulièrement les principes de l'interculturalisme. Dans leurs représentations écrites, le procureur général soutient explicitement que les interventions policières doivent être analysées sous l'angle de la protection de la « cohésion sociale » et de la sécurité collective de la culture dominante d'accueil. En élevant ces intérêts collectifs définis par l'État à un statut absolu, le gouvernement demande essentiellement aux tribunaux de subordonner les protections individuelles garanties par la Charte à la préservation de l'ordre social tribal.[69]

Cette stratégie juridique opère un renversement cynique des rôles dans la salle d'audience. Le procureur général présente le justiciable noir indépendant — qui cherche simplement à faire respecter ses droits fondamentaux à l'égalité et à un traitement équitable — comme une force non intégrée et perturbatrice dont les contestations juridiques menacent la stabilité de la société distincte du Québec. Plutôt que de répondre aux éléments de preuve démontrant un préjugé anti-Noir ou des détentions arbitraires, l'équipe juridique de l'État utilise l'interculturalisme afin de justifier une application policière agressive comme un outil nécessaire au maintien de l'ordre public.

En convainquant une direction judiciaire complaisante d'accepter ce cadre d'analyse, le procureur général veille à ce que le contrôle de terrain exercé sur les résidents noirs soit redéfini juridiquement comme une défense légitime de la nation. Cette collusion calculée entre le pouvoir exécutif et le pouvoir judiciaire transforme l'appareil juridique provincial en une boucle fermée de pouvoir absolu. Elle redéfinit les droits constitutionnels des citoyens noirs comme des privilèges jetables, complètement subordonnés à l'autorité et au prestige incontestables de l'élite blanche dominante.[70, 71]

CHAPITRE 10

Les intouchables : l'impunité policière de Gatineau à Montréal

L'application d'un ordre social tribal exige un appareil armé capable d'opérer en dehors des limites de la reddition de comptes démocratique. Dans l'autocratie séculière du Québec, les forces policières municipales — notamment *le Service de police de la Ville de Montréal* (SPVM) et *le Service de police de la Ville de Gatineau* (SPVG) — servent d'agents de première ligne du contrôle ethno-nationaliste. Parce que leur fonction première est de surveiller, d'intimider et de subordonner la population noire, ces forces se voient accorder le statut « d'intouchables ». Lorsque leur racisme anti-Noir systémique est exposé au regard du public, tout le poids du pouvoir exécutif se déplace afin de les protéger, rendant les concepts de droits civils et de recours judiciaires complètement dénués de sens.

La mentalité tribale derrière la Loi 96

La protection exécutive accordée aux forces de l'ordre est profondément enracinée dans la philosophie tribale explicite de l'élite politique. Cette mentalité s'est révélée au grand jour lors des débats législatifs entourant l'adoption de la Loi 96. Plutôt que de présenter les lois linguistiques comme de simples directives administratives neutres, les membres de l'Assemblée nationale ont ouvertement exprimé une idéologie de domination culturelle et d'exclusion des minorités. Lors des audiences de la commission parlementaire, Simon Jolin-Barrette, le ministre responsable de la Langue française, a explicitement déclaré que l'objectif de la législation était de faire du français « la seule langue de l'État », déclarant :

« Nous changeons de modèle. D›un modèle bilingue de l›État, nous passons à un modèle où l›État communique exclusivement en français avec les citoyens. »[72]

Cette rhétorique a été reprise par le premier ministre, qui a régulièrement présenté toute demande de services linguistiques destinés aux minorités ou de droits constitutionnels comme une attaque existentielle contre l'identité collective de la majorité. Lors des séances législatives, le premier ministre a déclaré que la défense de la primauté de l'État français constituait une question de survie, affirmant que sans ces restrictions draconiennes, le Québec risquait de perdre son identité. Le dossier législatif indique que la Loi 96 n'a jamais été une initiative culturelle progressiste ; elle constituait un déploiement délibéré du pouvoir de l'État visant à établir une hiérarchie juridique où la majorité blanche francophone est le seul groupe reconnu, toutes les minorités racisées et linguistiques étant reléguées à un statut secondaire permanent.[73]

L'interculturalisme : codifier la hiérarchie et le racisme

Afin de garantir que cette hiérarchie institutionnelle demeure parfaitement protégée contre les contestations juridiques et sociales, la politique officielle d'interculturalisme du Québec a été conçue pour agir comme le complément psychologique et structurel direct de la laïcité et du contrôle policier. Présenté à la communauté internationale comme un modèle progressiste de cohésion sociale, l'interculturalisme sert un objectif explicitement exclusif. Il établit que la majorité blanche, francophone et historiquement catholique constitue une

« culture d'accueil » permanente et incontestable (*la culture de convergence*) à laquelle tous les groupes minoritaires racisés et les nouveaux arrivants doivent entièrement s'adapter et se soumettre.

LES ROUAGES INTERDÉPENDANTS DU SYSTÈME ÉTATIQUE TRIBAL
LAÏCITÉ Démantèle les autorités morales indépendantes ; monopolise l'éthique sous le contrôle de l'État.
INTERCULTURALISME Consacre la suprématie blanche francophone en tant que « culture de convergence » ; relègue les minorités au rang d'invités de second ordre.
APPLICATION DE LA LOI ET PROTECTION INSTITUTIONNELLE Assure un contrôle de terrain de la population noire ; bénéficie de la protection juridique du bureau du procureur général.

En plaçant un groupe ethnique précis au sommet de l'ordre social, l'interculturalisme fournit la justification philosophique du racisme systémique. Dans le cadre de cette politique, les cultures, les histoires et les droits fondamentaux des minorités sont officiellement relégués à un statut secondaire. Lorsqu'un citoyen noir tente d'invoquer les protections constitutionnelles afin de contester la discrimination raciale, l'interculturalisme permet à l'État d'inverser les rôles de la victime et de l'oppresseur.[74]

L'élite soutient qu'en revendiquant l'égalité des droits ou en dénonçant les biais institutionnels, un justiciable racisé agit comme un « invité » ingrat et non intégré, menaçant la survie de la tribu d'accueil. L'interculturalisme instrumentalise activement le concept d'intégration afin d'exiger une subordination culturelle, politique et juridique permanente, rendant les promesses de non-discrimination entièrement frauduleuses.

La protection exécutive et le Service de police de la Ville de Gatineau

Cette mentalité tribale explicite détermine directement la manière dont le pouvoir exécutif, par l'entremise du bureau du procureur général, traite les allégations de brutalité policière et de profilage racial. Le Service de police de la Ville de Gatineau constitue une étude de cas frappante et bien documentée illustrant la manière dont l'État collabore activement afin de protéger les policiers contre les conséquences de leur animosité anti-Noir.

Depuis des années, le Service de police de Gatineau entretient une culture institutionnelle de racisme ininterrompu, caractérisée par des contrôles de rue arbitraires, du harcèlement ciblé envers les automobilistes noirs et l'application systématique des règlements municipaux aux résidents racisés. Lorsque des citoyens noirs indépendants comme Raymond Carby-Samuels tentent de contester cette inconduite systémique en intentant des poursuites civiles ou en déposant des plaintes en matière de droits de la personne, ils ne se heurtent pas à une enquête impartiale de l'État, mais à une contre-offensive agressive orchestrée directement par le procureur général.[75]

Les dossiers illustrant la protection exécutive à Gatineau révèlent une stratégie calculée d'usure procédurale. Les avocats du gouvernement, agissant au nom du procureur général, interviennent dans les poursuites intentées contre le SPVG en utilisant les fonds publics pour multiplier les requêtes interlocutoires, exiger des cautions pour frais excessives et retenir des dossiers policiers internes essentiels. En empêchant la communication des antécédents disciplinaires et des registres de communications policières, le pouvoir exécutif veille à ce que la nature structurelle du racisme policier demeure juridiquement invisible. Cet effacement systématique des éléments de preuve, mis en œuvre de concert avec une direction judiciaire complaisante, transforme le palais de justice en un instrument de protection de l'État, envoyant ainsi aux policiers sur le terrain le message que les résidents noirs peuvent être ciblés en toute impunité.

CHAPITRE 11

Le nègre de maison et le citoyen consommateur

Afin de maintenir cette hiérarchie sociale raciste et tribale sans provoquer de troubles civils ouverts, l'élite séculière du Québec a besoin de la pacification psychologique de la population minoritaire. L'État ne s'appuie pas uniquement sur la violence physique de la police ou sur la violence structurelle de lois linguistiques instrumentalisées ; il cherche à façonner la conscience même des personnes racisées. L'establishment paternaliste exige que les citoyens noirs remplissent un rôle bien précis et subalterne au sein de la société : celui du « citoyen consommateur » docile.

Pour comprendre les mécanismes de ce contrôle psychologique, il faut se tourner vers la profonde critique historique formulée par Malcolm X dans son analyse des structures coloniales. Malcolm X a établi une célèbre distinction entre le « nègre de maison » et le « nègre des champs » afin d'illustrer la manière dont les systèmes de suprématie blanche maintiennent leur stabilité :[76]

> Le nègre de maison vivait généralement près de son maître… Il s'habillait comme son maître. Il portait les vêtements usagés de son maître.

Il mangeait la nourriture que son maître lui laissait. Et il vivait dans la maison de son maître… Lorsque le maître disait : « Nous avons une belle maison ici », le nègre de maison répondait : « Oui, nous avons une belle maison ici. » Chaque fois que le maître disait « nous », lui aussi disait « nous ». C'est ainsi qu'on reconnaît un nègre de maison.

LE PARADIGME COLONIAL DU QUÉBEC SÉCULIER	
TERME DU PARADIGME (MALCOLM X)	ÉQUIVALENT DANS LE QUÉBEC SÉCULIER
• **Le nègre de maison** S'identifie au maître ; défend le système de plantation.	• **La minorité docile** Accepte un statut secondaire ; légitime les relations publiques de l'État.
• **Le nègre des champs** Reconnaît les abus systémiques; oppose une résistance sans compromis à l'autorité du maître.	• **Le citoyen engagé** Rejette la subordination; revendique une égalité pleine et entière et exige la reddition de comptes de l'État.

L'équivalent séculier moderne : le citoyen consommateur

Dans le contexte contemporain du « nationalisme » séculier québécois, qui n'est en réalité qu'une forme de tribalisme, l'élite a modernisé cette même division coloniale. L'État encourage et récompense activement l'équivalent moderne du nègre de maison : la personne racisée qui intériorise complètement le dogme de la religion civile québécoise, valide l'illusion de la laïcité et accepte un statut secondaire en échange d'une proximité économique ou politique symbolique avec la classe dirigeante. Cette figure docile est censée se percevoir uniquement comme un consommateur subordonné des produits et services de l'État — quelqu'un qui travaille, paie des impôts, consomme et demeure silencieux face à l'exclusion systémique.[77]

À l›inverse, l›État manifeste une véritable panique institutionnelle lorsqu›il est confronté à un citoyen noir intransigeant qui s›inscrit dans la tradition de ce que Malcolm X appelait le « nègre des champs ». Le nègre des champs comprenait que les intérêts du maître étaient fondamentalement incompatibles avec sa propre survie. Il reconnaissait la réalité systémique de son oppression et opposait une résistance inébranlable à la structure du système de plantation.

Lorsqu'un citoyen noir indépendant comme Raymond Carby-Samuels entre dans l'arène publique, il rejette le rôle servile du citoyen consommateur. Il refuse d'adopter le langage du « nègre de maison », qui cherche à plaire aux élites blanches québécoises ou à les apaiser. Il se considère plutôt comme un citoyen pleinement égal, investi du plein droit de contester les atteintes de l'État à ses protections constitutionnelles.[78]

En exigeant une véritable reddition de comptes, en contestant devant les tribunaux le racisme policier sur le plan constitutionnel et en refusant de céder devant les barrières administratives instrumentalisées, Carby-Samuels rompt le contrat psychologique d'obéissance passive. L'élite séculière reconnaît qu'un citoyen noir actif et engagé menace les fondements mêmes de sa hiérarchie ethno-tribale. Par conséquent, lorsqu'un justiciable noir revendique une égalité pleine et entière plutôt qu'une simple intégration symbolique, l'État abandonne sa façade progressiste. Les clans judiciaire et exécutif unissent alors leurs forces pour mener une campagne rapide et totale de persécution politique, recourant à de vastes interdictions d'accès aux tribunaux, à l'assassinat de caractère et à l'isolement administratif afin d'écraser le citoyen indépendant et de rétablir l'autorité incontestable du nouveau clergé.

L'économie de la pacification : la cooptation financière et l'infiltration

La survie de cette hiérarchie coloniale moderne ne peut reposer uniquement sur une adhésion idéologique spontanée ; elle exige un réseau hautement structuré de cooptation et d'infiltration, financé par l'État, qui a complètement subverti le paysage des relations raciales et des organismes établis de défense des droits de la personne au Québec. Des organismes initialement fondés pour lutter contre la discrimination ont été intégrés de manière structurelle à l'architecture paternaliste de l'État. Grâce à des subventions ciblées, au financement de programmes sociaux et à un système discrétionnaire de patronage étatique, le nouveau clergé s'est effectivement assuré la loyauté des dirigeants des principales organisations communautaires racisées, les transformant en relais de promotion des politiques d'interculturalisme de l'État.[79]

Il ne s'agit pas simplement d'une initiative provinciale isolée ; elle constitue un objectif coordonné des élites politiques québécoises, activement soutenu par le gouvernement fédéral du Canada. Par l'intermédiaire d'appareils fédéraux, notamment la Gendarmerie royale du Canada (GRC) et de réseaux nationaux de collecte de renseignements, une matrice sophistiquée de surveillance et d'ingénierie sociale a été mise en place afin de prendre le contrôle des communautés racisées. En surveillant les organisateurs communautaires, en infiltrant les groupes de défense des minorités et en contrôlant les nominations aux postes de direction au sein des coalitions de défense des droits civils, l›État veille à ce que toute contestation potentielle de l›ordre établi soit neutralisée de l›intérieur. Cette alliance étatique à deux niveaux transforme les organisations indépendantes de défense des droits de la personne en relais de collecte de renseignements et en instruments de gestion sociale, veillant à ce que les revendications du public soient systématiquement canalisées vers des activités inoffensives et symboliques — telles que des galas culturels et des ateliers sur la diversité — plutôt que vers de véritables recours judiciaires.

Lorsqu'un citoyen indépendant comme Raymond Carby-Samuels émerge, fort d'une solide formation intellectuelle et d'un refus de se soumettre à l'oppression de l'État, toute cette matrice est ébranlée. Parce que M. Carby-Samuels s'appuie sur son indépendance universitaire et son autonomie intellectuelle, il ne peut être acheté au moyen de subventions provinciales ni intimidé par les gardiens bureaucratiques habituels. Il rejette complètement le rôle servile et soumis du « nègre de maison » que souhaite lui imposer l'establishment paternaliste et se présente plutôt comme un véritable citoyen déterminé à remettre en cause le fondement même de l'autorité suprême des Québécois blancs.[80]

LA MATRICE ÉTATIQUE À DEUX NIVEAUX DU CONTRÔLE SOCIAL TOTAL

▼

GOUVERNEMENT FÉDÉRAL ET COOPÉRATION DES SERVICES DE RENSEIGNEMENT

La GRC et les services de renseignement surveillent la résistance citoyenne et suivent les acteurs indépendants de la société civile.

(Contrôle coordonné)

▼

ÉLITES POLITIQUES ET TRIBUNAUX DU QUÉBEC

Déploient des juges nommés afin de réécrire les faits et d'imposer des interdictions inconstitutionnelles aux justiciables contestataires.

(Excommunication institutionnelle)

▼

RÉSISTANCE NOIRE INDÉPENDANTE (SAMUELS)

S'appuie sur son indépendance intellectuelle ; rejette le paradigme du « nègre de maison » et revendique l'égalité pleine et entière.

Confrontées à une menace qu'elles jugent ingérable pour leur hégémonie, les élites politiques et judiciaires estiment n'avoir d'autre choix que d'abandonner jusqu'à l'apparence même de la primauté du droit. Afin de préserver l'autorité incontestable d'une « société distincte » oppressive, la cabale au pouvoir recrute des juges idéologiquement compromis, prêts à inventer des faussetés, à déformer les précédents juridiques et à se livrer à une persécution politique ouverte et illégale. Dans des affaires comme celle de la juge Piché, le tribunal agit comme le bras répressif d'un régime politique corrompu. La volonté du pouvoir judiciaire de fabriquer des récits, de déformer les faits et de priver une victime noire de violations des droits de la personne de tout accès futur aux tribunaux démontre que l'élite est prête à enfreindre ses propres lois lorsqu'il s'agit de réprimer la résistance noire et de protéger le prestige de l'État.

La faillite morale d'une cabale

Ce recours à la violence judiciaire brute et à la corruption administrative révèle la faillite morale absolue du tribalisme moderne québécois. L'élite au pouvoir ne possède aucune justification morale ou politique légitime pour maintenir sa domination. Ses politiques agressives — de la Loi 21 à la Loi 96 — sont trompeusement enveloppées dans la noble rhétorique de la défense de la langue française et de la préservation culturelle. Or, cette défense linguistique n'est qu'un écran de fumée cynique destiné à masquer une hiérarchie politique immorale et exclusionnaire, qui repose entièrement sur des contrevérités structurelles pour justifier son existence.[81]

En transformant leur programme « nationaliste » en une religion civile intouchable, le premier ministre, le juge en chef de la Cour supérieure du Québec et leurs conspirateurs fédéraux ont construit un système fermé où le tribalisme prime sur les droits universels de la personne. Ils ont remplacé l'autorité morale de l'ancien ordre clérical par une tyrannie séculière qui considère les promesses fondamentales des chartes québécoise et canadienne — l'égalité des droits, la non-discrimination et les procès équitables — comme de simples privilèges révocables. Pour les citoyens noirs indépendants qui revendiquent une égalité absolue, la réalité de l'État séculier québécois n'est qu'une coquille vide : un système qui se réclame du progressisme tout en fonctionnant sur la suppression totale de la justice, sacrifiant la primauté du droit afin de préserver la suprématie incontestable d'une classe dirigeante corrompue.

CHAPITRE 12

« Les nègres (et les autres races) ne devraient être vus qu'en cas de nécessité, et jamais entendus »

Le débat historique et politique entourant le rejet, par le Québec, du multiculturalisme canadien est souvent présenté comme une noble lutte pour la survie. Selon l'élite politique de la province, la politique fédérale de multiculturalisme constitue une menace existentielle pour la langue française — un mécanisme conçu pour diluer le statut historique et distinct du peuple québécois et le réduire à l'une des nombreuses composantes ethniques de la mosaïque fédérale. Toutefois, une analyse critique du paysage sociopolitique contemporain du Québec révèle que ce discours sur la vulnérabilité linguistique repose fondamentalement sur une distorsion de la réalité. Lorsqu'on observe la marginalisation généralisée et l'exclusion structurelle visant les personnes noires, les peuples autochtones et même les francophones blancs arrivés de France métropolitaine, une dynamique beaucoup plus insidieuse se dessine. L'opposition officielle au multiculturalisme n'est pas un bouclier destiné à protéger une langue fragile ; elle constitue un masque rhétorique conçu pour préserver et renforcer une construction raciale particulière de la société québécoise, dictée par sa classe dirigeante.

La fiction de la dilution linguistique

Depuis plus d'un demi-siècle, l'élite dirigeante du Québec entretient une profonde méfiance à l'égard de la *Loi sur le multiculturalisme canadien.* Depuis son rejet officiel initial par le gouvernement du Parti québécois de René Lévesque en 1981, l'orthodoxie provinciale soutient que les politiques fédérales en matière de diversité sont incompatibles avec la préservation d'une société francophone. L'argument central de l'État repose sur l'idée que, si le multiculturalisme canadien fonctionne dans le cadre de deux langues officielles, il refuse de reconnaître toute culture officielle. Dans un environnement nord-américain largement dominé par l'anglais, les architectes politiques du Québec soutiennent que le fait de traiter toutes les communautés culturelles comme étant structurellement équivalentes prive la majorité francophone de sa légitimité en tant que peuple fondateur, accélérant ainsi l'assimilation des francophones.

Pour remplacer le modèle fédéral, les intellectuels et les politiciens québécois ont élaboré le concept d'« interculturalisme ». En théorie, ce cadre invite les nouveaux arrivants à s'intégrer à un espace civique commun où le français constitue la langue publique incontestée. Dans le discours politique, des lois comme la Charte de la langue française (Loi 101), puis plus récemment la Loi 96 et la Loi 21, sont constamment présentées à l'électorat comme des mécanismes défensifs essentiels à la préservation de la culture. L'État affirme que ses interventions législatives sont neutres sur le plan racial, laïques et uniquement destinées à garantir que la langue historique de la vallée du fleuve Saint-Laurent demeure l'axe vivant et structurant de la vie publique. Ce discours constitue la pierre angulaire de la solidarité nationaliste, permettant à l'élite dirigeante de se présenter comme la noble gardienne d'une minorité culturelle assiégée sur le continent.

La réalité de l'exclusion et le mythe statistique de l'intégration linguistique

La logique interne de ce discours officiel s'effondre lorsqu'elle est confrontée aux données empiriques. Si l'objectif premier du projet nationaliste québécois était réellement de défendre et de promouvoir la langue française, les institutions de la province accueilleraient logiquement, valoriseraient et célébreraient les immigrants qui arrivent déjà francophones.

Or, la réalité vécue par les immigrants francophones racisés — particulièrement ceux originaires d'Haïti, d'Afrique du Nord et d'Afrique subsaharienne — révèle un tout autre tableau : une dévalorisation systémique, de profondes inégalités économiques et un verrouillage institutionnel.

Les disparités empiriques en matière d'emploi et de revenus

L'affirmation selon laquelle l'intégration linguistique garantit l'inclusion économique est clairement réfutée par les données quantitatives. Lorsqu'on analyse la réalité économique des populations racisées à Montréal, les écarts systémiques en matière de revenus et d'emploi révèlent une stratification socioéconomique rigide qui persiste indépendamment de la maîtrise de la langue.[82]

1. **L'écart de revenu :** À l›échelle de la province, le revenu d›emploi moyen des personnes appartenant aux minorités visibles âgées de 25 à 64 ans s›établit à environ 43 840 $. En comparaison, le revenu d›emploi moyen de leurs pairs non racisés atteint environ 56 350 $. Cela représente **une pénalité salariale marquée de 22 %** qui touche les communautés minoritaires, particulièrement dans la région métropolitaine de Montréal.[83]
2. **La décote dollar pour dollar :** À l›échelle nationale et provinciale, même lorsque les Canadiens noirs sont nés au Canada et possèdent un niveau de scolarité identique à celui des citoyens non racisés (environ 29 % détenant un baccalauréat ou un diplôme supérieur), ils ne gagnent que **0,76 $ pour chaque dollar** gagné par la majorité blanche. Il s'agit de l'un des écarts de revenus systémiques les plus importants observés sur le marché du travail canadien.[84]

3. **Le paradoxe du diplôme universitaire :** L'exclusion systémique est particulièrement marquée chez les femmes racisées à Montréal. Les données du recensement révèlent que les femmes noires nées au Canada, âgées de 35 à 44 ans et titulaires d'un diplôme universitaire, affichent **un taux de chômage de 6,8 %**, comparativement à seulement **2,4 % chez les femmes blanches** du même âge ayant des qualifications équivalentes.[85] Chez les femmes arabes immigrantes de la ville détenant un diplôme universitaire, le taux de chômage grimpe à un niveau exceptionnellement élevé de **18,2 %.**[86]

Taux de chômage des femmes titulaires d'un diplôme universitaire à Montréal		
Femmes blanches :		2.4%
Femmes noires :		6.8%
Femmes arabes immigrantes :		18.2%

La discrimination systémique à l'embauche et la dévalorisation des qualifications

Ces écarts chiffrés sont directement causés par des pratiques d'exclusion au sein de l'appareil provincial d'embauche. Une étude de terrain majeure menée pour *la Commission des droits de la personne et des droits de la jeunesse* (CDPDJ) a utilisé une méthode de tests consistant à soumettre des paires de CV identiques à des centaines d'offres d'emploi publiées à Montréal.[87]

Les résultats étaient sans équivoque : les chercheurs d'emploi portant des noms québécois « de souche » avaient **60 % plus de chances** d'être convoqués en entrevue que des candidats possédant des qualifications équivalentes, mais portant des noms africains, arabes ou latino-américains.[88] L'étude a conclu qu'un candidat portant un nom associé à une minorité racisée fait face à une probabilité d'une sur trois d'être complètement ignoré par les employeurs, peu importe sa maîtrise native du français ou ses qualifications académiques locales.

De plus, une consultation publique sur la discrimination systémique au sein de la Ville de Montréal a révélé que, malgré une décennie de plans d'action superficiels sur « l'accès à l'égalité », la proportion de personnes issues des minorités visibles, des minorités ethniques ou des peuples autochtones embauchées dans des postes de direction s'établissait à exactement **0 %**.[89] Moins de 2 % des postes de direction dans les infrastructures municipales sont occupés par des personnes racisées, démontrant l'existence d'un véritable mur d'accès professionnel.

Le filtrage professionnel et la ségrégation géographique

Cette exclusion structurelle repose sur des mécanismes institutionnels précis et récurrents :

1. **Dévalorisation des qualifications :** les ordres professionnels provinciaux refusent continuellement de reconnaître les diplômes et titres de compétences obtenus à l'étranger, forçant des ingénieurs, médecins et universitaires hautement qualifiés provenant du Sud global à occuper des emplois précaires faiblement rémunérés et des emplois dans l'économie à la tâche.
2. **Manipulation linguistique :** dans les environnements professionnels, l'« accent québécois » est utilisé comme un critère arbitraire de compétence professionnelle. Des francophones natifs d'Afrique de l'Ouest ou des Caraïbes se voient souvent dire que leur syntaxe, leur vocabulaire ou leur prononciation sont « inadaptés » pour des postes en contact avec la clientèle, illustrant que la maîtrise linguistique sert souvent de prétexte au filtrage culturel et racial. D'autres communautés minoritaires au Québec ont vécu des expériences similaires, notamment une population croissante de francophones blancs provenant de France et d'Acadiens du Nouveau-Brunswick.
3. **Ségrégation géographique et matérielle :** cette exclusion structurelle a entraîné une stratification socioéconomique marquée, confinant les communautés minoritaires à certains secteurs sous-investis de Montréal (comme Montréal-Nord et Saint-Michel), tandis que

l'appareil provincial plus large demeure largement blanc dans ses sphères décisionnelles.

Violence institutionnelle et déni

La profondeur de cette exclusion n'est pas seulement économique ; elle est structurellement violente. Le refus des gouvernements provinciaux successifs de reconnaître l'existence du racisme systémique constitue un choix politique calculé qui protège les rapports de pouvoir existants.[90] Lorsque des tragédies très médiatisées exposent de profonds biais institutionnels, l'élite dirigeante détourne systématiquement l'attention des réformes structurelles nécessaires.

La mort tragique de Joyce Echaquan, une femme atikamekw qui a filmé des membres du personnel de santé proférer contre elle de violentes insultes racistes quelques instants avant son décès dans un hôpital québécois, a forcé une brève prise de conscience nationale. Bien qu'un coroner provincial ait explicitement conclu que le racisme systémique avait contribué à sa mort, le gouvernement de *la Coalition Avenir Québec* (CAQ) a obstinément refusé d'adopter le cadre proposé par le « Principe de Joyce » concernant les droits des Autochtones en matière de soins de santé, uniquement parce que le document contenait l'expression « racisme systémique ».[91] En enfouissant les critiques structurelles derrière un mur défensif de fierté nationaliste, la classe dirigeante indique que la protection des institutions de l'État contre les accusations de racisme prime sur la sécurité et les droits fondamentaux des résidents racisés.

Le sectarisme de l'élite québécoise frappe même les francophones européens blancs

La nature exclusionnaire du projet identitaire québécois devient encore plus évidente lorsqu'on examine le traitement réservé aux immigrants blancs originaires de France. Si la véritable menace pour le Québec était la « dilution » du français par un multiculturalisme fédéral dominé par l'anglais, les citoyens français blancs représenteraient le profil immigrant idéal. Ils sont locuteurs natifs du français, largement laïques et possèdent des références culturelles profondément enracinées dans les mêmes traditions occidentales que l'élite québécoise affirme vouloir défendre.

Pourtant, les immigrants français continentaux au Québec sont régulièrement confrontés à une forme distincte et persistante de rejet culturel. Souvent désignés par des appellations familières et stéréotypés dans les médias populaires, les immigrants de France font fréquemment l'objet d'une forme d'altérisation sociale. Dans les milieux professionnels, leurs façons de communiquer sont souvent surveillées et décrites comme arrogantes, dominantes ou incompatibles avec la culture corporative locale. La classe dirigeante et les échos médiatiques qui la soutiennent alimentent fréquemment les inquiétudes selon lesquelles un afflux de francophones européens modifierait les expressions idiomatiques locales, éroderait les particularités culturelles québécoises traditionnelles et transformerait le paysage politique de Montréal.

Cette hostilité envers les francophones continentaux expose l'erreur fondamentale de l'argumentaire fondé sur la préservation linguistique. Elle démontre que la maîtrise du français constitue une condition nécessaire, mais largement insuffisante, pour être accepté au sein de l'ordre social dominant. L'inquiétude profonde des élites québécoises ne concerne pas fondamentalement la survie des verbes et de la syntaxe ; elle concerne la préservation d'un groupe identitaire historique fermé et insulaire. Toute personne qui existe en dehors de la lignée particulière des descendants des premiers colons français — la démographie « pure laine » — est considérée comme un étranger permanent, peu importe la perfection avec laquelle elle maîtrise la langue.

Le phénomène du « maudit Français »

L'expression « maudit Français » est bien ancrée dans le langage populaire montréalais. Elle est couramment employée par des Québécois blancs pour désigner les immigrants originaires de France, souvent perçus comme arrogants, culturellement élitistes ou déconnectés des réalités de la francophonie nord-américaine. À première vue, cette friction culturelle intraeuropéenne semble n'être qu'une querelle de vocabulaire et de savoir-vivre. Toutefois, une analyse sociologique plus approfondie révèle que cet antagonisme est alimenté par une vision profondément protectionniste et ethnocentrique.

Ce cadre privilégie le filtrage institutionnel, l'élitisme linguistique et l'exigence d'une assimilation culturelle totale. Lorsque cette mécanique culturelle défensive est déployée contre les communautés racisées, elle engendre des formes de discrimination systémique qui se chevauchent et se renforcent mutuellement. L'obsession de préserver une certaine identité québécoise francophone est instrumentalisée, créant un environnement où les personnes noires et les autres minorités visibles subissent de plein fouet la discrimination structurelle sous couvert de la préservation de la langue.

Les exigences du prisme ethnocentrique

L'expression « maudit Français » trouve son origine dans une dynamique historique de pouvoir bien particulière. Les Français qui s'établissent au Québec arrivent de l'ancienne métropole coloniale, souvent porteurs d'une certaine autorité culturelle qui ravive un traumatisme générationnel chez les Québécois de la classe ouvrière, lesquels ont historiquement dû lutter contre la domination économique britannique et pour préserver leur langue. Toutefois, cette attitude défensive s'exprime à travers un prisme rigide de préjugés : l'exigence absolue d'une conformité culturelle et linguistique.

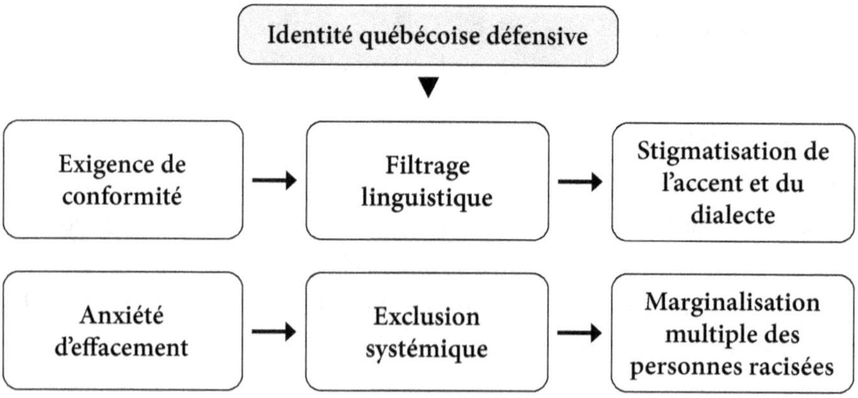

Dans cette vision farouchement protectionniste, quiconque s'établit à Montréal est confronté à un ultimatum binaire : s'assimiler sans réserve aux usages linguistiques et aux codes culturels locaux, ou s'exposer au rejet social. Pour les citoyens français blancs, ce rejet est irritant, mais rarement handicapant sur le plan structurel. Pour les personnes noires et les autres minorités visibles, cette même exigence de conformité devient un puissant catalyseur d'un racisme à multiples dimensions.

Le filtrage linguistique comme substitut à l'exclusion raciale : Tout comme les Français blancs sont tournés en dérision en raison de leur accent parisien, les personnes noires dont l'accent diffère de la norme québécoise « pure » se heurtent à d'importants obstacles systémiques. À Montréal, la discrimination linguistique dans les domaines de l'emploi et du logement sert fréquemment de substitut socialement acceptable à l'exclusion raciale.

Le double piège des francophones : Parce que la langue française est constamment associée à la survie politique de la nation, les Québécois noirs — dont plusieurs immigrent de régions francophones d'Afrique et des Caraïbes — sont confrontés à un cruel paradoxe. Ils choisissent le Québec parce qu'ils parlent déjà français, mais sont néanmoins constamment traités comme des étrangers et renvoyés à leur altérité en raison de la couleur de leur peau plutôt que de leur maîtrise de la langue. Leur parfaite maîtrise du français ne leur ouvre pas les portes du noyau identitaire ; elle ne fait que déplacer les critères d'acceptation.

« Maudit Français » (« Damned French »)

Pour l'observateur occasionnel, le ressentiment dirigé contre les immigrants parisiens blancs semble démontrer que le filtrage culturel pratiqué au Québec est « égalitaire », touchant autant les Européens blancs que les minorités racisées. En réalité, ce phénomène sert de bouclier psychologique et politique. En invoquant l'exploitation historique des Canadiens français par les Britanniques ainsi que les frictions actuelles avec les élites françaises continentales, la société québécoise blanche se présente souvent comme la victime permanente des forces de l'histoire. Cette posture victimaire est ensuite utilisée pour nier l'existence du racisme systémique au sein de la province.

Lorsque les Québécois blancs reprennent le discours du « maudit Français », ils brouillent la distinction entre une friction culturelle dirigée vers le haut et un racisme structurel dirigé vers le bas.

L'expatrié français blanc qu'on ridiculise parce qu'il dit « du coup » ou parce qu'il se montre trop affirmé lors d'une réunion de travail peut subir des irritants sur le plan des relations interpersonnelles, mais sa blanchité garantit que son humanité fondamentale, sa sécurité et sa mobilité sociale demeurent intactes.

Cependant, ce même réflexe ethnocentrique qui rejette l'accent parisien s'amplifie de façon exponentielle lorsqu'il est dirigé contre l'Autre racisé. Pour les personnes noires, les Autochtones et les autres minorités racisées, cette attitude défensive et repliée sur elle-même ne se limite plus à une simple froideur sociale ; elle se transforme en une exclusion systémique agressive. En considérant tout écart par rapport à une norme québécoise mythifiée, blanche et ancestrale comme une menace à la survie nationale, le racisme des Québécois blancs se dissimule derrière le noble étendard de la préservation culturelle. Le phénomène du « maudit Français » constitue le visage acceptable d'une idéologie nationaliste qui exige, au bout du compte, une blancheur absolue et une conformité absolue comme conditions préalables à une véritable appartenance.

Témoignages : naviguer dans la matrice linguistique

Pour comprendre comment ce filtrage s'exerce concrètement, il faut écouter les expériences vécues des résidents de Montréal qui évoluent quotidiennement dans ce champ de mines linguistique.

Témoignage 1 : Amadi, 34 ans, développeur logiciel (immigré du Sénégal, réside à Rosemont)

« Lorsque je suis arrivé à Montréal, je croyais que le français serait mon passeport vers la réussite. Je parle un français classique, un français international standard. Dès que je commençais à parler en entrevue, je remarquais un changement immédiat. Les recruteurs complimentaient mon «bel accent», puis me demandaient si j›aurais de la difficulté à communiquer avec une clientèle ouvrière locale. C›était une façon polie de me dire que mon français n›était pas leur français. Pendant ce temps, je voyais des collègues français blancs de Paris être embauchés immédiatement. On les taquinait peut-être à l›heure du lunch parce qu›ils disaient «du coup» ou parce qu›ils étaient des «maudits Français», mais eux obtenaient le poste. Pour moi, mon accent combiné à la couleur de ma peau faisait de moi un double étranger. J›ai dû consciemment apprendre à utiliser des expressions québécoises simplement pour prouver que j'avais ma place. »

L'expérience d'Amadi met en évidence l'écart frappant dans la manière dont le prisme ethnocentrique traite les différents groupes. Alors que l'expatrié français ne rencontre qu'un obstacle culturel temporaire, l'immigrant noir francophone se heurte à un véritable mur où la langue et la race se conjuguent pour bloquer son avancement professionnel.

Témoignage 2 : Chantal, 28 ans, étudiante universitaire (Haïtiano-Québécoise de deuxième génération, élevée à Montréal-Nord)

« Je suis née ici. Mon français est québécois ; j›utilise les expressions locales, j›ai l›accent. Pourtant, parce que je suis noire, les gens me félicitent encore de bien parler français ou me demandent d›où je viens «à l›origine». Il existe une ligne invisible qui détermine qui est un véritable Québécois. Lorsqu›un expatrié français se plaint de Montréal, les gens lèvent les yeux au ciel et le traitent de «maudit Français». Lorsqu›une personne noire dénonce les problèmes systémiques de la ville, on lui dit de retourner d›où elle vient si elle n›est pas contente. Le Français blanc est perçu comme un cousin agaçant ; nous, nous sommes traités comme des invités ingrats. »

Les manifestations spatiales dans le Plateau (« Le Petit France »)

Les manifestations spatiales et économiques de cette dynamique sont particulièrement visibles dans le Plateau-Mont-Royal. Autrefois enclave francophone ouvrière, le Plateau s'est transformé au cours des dernières décennies en principal pôle de la communauté française expatriée à Montréal, au point d'être surnommé localement « Le Petit France ». Cette évolution démographique rapide a accentué les tensions de classe, les tensions culturelles et les tensions raciales dans le cœur urbain de la ville.

Dynamique	Expatriés français blancs	Minorités noires et autres minorités racisées
Mobilité socioéconomique	S'intègrent rapidement aux secteurs créatifs et professionnels bien rémunérés.	Freinées par la discrimination systémique à l'embauche et la dévalorisation des qualifications.
Sécurité résidentielle	Alimentent la gentrification ; en mesure d'assumer des loyers plus élevés dans des quartiers centraux comme le Plateau.	Repoussées vers des quartiers périphériques sous-investis en raison de la flambée des coûts du logement.
Friction culturelle	Tournés en dérision ou suscitant du ressentiment en raison de leur arrogance culturelle (« maudit Français »), tout en conservant une position socialement dominante.	Marginalisées de façon systémique ; leur identité est perçue comme une menace fondamentale pour la survie culturelle du Québec.

L'arrivée rapide de dizaines de milliers de citoyens français a profondément transformé le tissu socioéconomique du Plateau, alimentant un intense conflit de classes. Chez les Québécois de la classe ouvrière, le préjugé du « maudit Français » est nourri par de réelles inquiétudes économiques liées au déplacement des résidents et à la hausse des loyers. Toutefois, cette gentrification engendre une crise secondaire beaucoup plus grave pour les minorités racisées.

À mesure que le Plateau se transforme en une enclave aisée à dominante européenne, les familles immigrantes à faible revenu sont systématiquement repoussées hors du cœur urbain. Elles sont contraintes de s›établir dans des arrondissements périphériques sous-financés, comme Parc-Extension ou Montréal-Nord, coupées des principaux réseaux de transport collectif et des réseaux de soutien communautaire.

Témoignages : l'étau urbain

La réalité de ce déplacement spatial est illustrée de manière saisissante par les témoignages de résidents qui ont vu leur quartier se transformer sous leurs yeux.

Témoignage 3 : Mathieu, 42 ans, organisateur communautaire (résident du Plateau depuis toujours)

« J›ai vu le Plateau changer complètement au cours des quinze dernières années. Promenez-vous aujourd›hui sur l›avenue du Mont-Royal : on n›y trouve plus que des boulangeries françaises, des fromageries fines bio et des gens qui parlent avec un accent parisien. Les propriétaires adorent cette clientèle, parce qu›ils peuvent demander des loyers deux fois plus élevés qu›autrefois. On plaisante à propos de l›invasion des «maudits Français», mais la véritable tragédie, c›est de savoir qui a dû partir pour leur faire de la place. Les familles portugaises, nord-africaines et caribéennes qui ont façonné le tissu social de ce quartier ne pouvaient plus suivre la hausse des loyers. Elles ont été discrètement poussées dehors. L›expatrié français sert de paravent aux propriétaires et aux promoteurs immobiliers pour accélérer la gentrification du quartier tout en le maintenant majoritairement blanc. »

Témoignage 4 : Sarah, 49 ans, travailleuse de la santé (immigrée du réseau international francophone du Québec, résidant maintenant à Montréal-Nord)

« Lorsque ma famille a cherché un appartement dans le Plateau il y a dix ans, un propriétaire nous a dit sans détour qu›il préférait louer à «des gens qui partagent nos valeurs». Une semaine plus tard, j›ai vu un jeune couple venu de France emménager dans ce même immeuble. Ils n›avaient même pas encore leur résidence permanente, mais ils avaient le bon profil. Nous avons dû nous installer à Montréal-Nord. Nous sommes complètement isolés des principales lignes de métro et nos enfants ont accès à moins de ressources communautaires. La ville parle beaucoup de son ressentiment envers l›arrogance culturelle des expatriés français, mais lorsqu›il est question d›argent et d›accès au logement, le système choisira toujours un Français blanc plutôt qu›un immigrant noir francophone. »

L'identité défensive fracturée

En définitive, l'hostilité dirigée contre les expatriés français et l'exclusion systémique des minorités racisées procèdent d'une même source : une profonde anxiété quant à la précarité de l'identité francophone dans une Amérique du Nord majoritairement anglophone. Dans ce cadre défensif et restrictif, tout écart par rapport à une identité québécoise « pure » et idéalisée est interprété comme une menace existentielle.

Toutefois, les conséquences de cette posture défensive sont profondément asymétriques. Alors que l'expatrié français ne vit le phénomène du « maudit Français » que comme une irritation sociale mineure, la personne racisée le subit comme un mécanisme qui renforce le racisme structurel. En refusant de distinguer les frictions coloniales historiques de la suprématie blanche systémique contemporaine, le cadre protectionniste québécois instrumentalise la langue pour défendre une hiérarchie raciale. Tant que Montréal ne s'attaquera pas à ce prisme unifié de l'exclusion, la défense de l'identité francophone continuera de servir de moteur à la marginalisation raciale systémique.

La subversion de la Charte québécoise, les batailles judiciaires et la résistance médiatique

Cette volonté structurelle de protéger un groupe identitaire replié sur lui-même ne façonne pas uniquement le discours public ; elle subvertit activement l'architecture juridique conçue pour garantir les droits de la personne. La Charte des droits et libertés de la personne du Québec a été adoptée en 1975 avec des engagements fondamentaux clairs en matière de non-discrimination et d'égalité devant la loi. Or, la classe dirigeante s'est progressivement opposée à ces principes fondamentaux, transformant le système de justice en un instrument qui refuse l'accès à la justice tout en renforçant le profilage racial et la déshumanisation.

La subversion du principe de non-discrimination

Lorsque l'État fait primer la préservation de l'identité collective sur les droits individuels, le principe de non-discrimination est traité comme un obstacle secondaire plutôt que comme une protection fondamentale. Cette résistance se manifeste clairement par le recours agressif de l'État à la clause dérogatoire (article 33 de la Charte canadienne et article 52 de la Charte québécoise) afin de soustraire des lois discriminatoires au contrôle judiciaire.[92] En écartant de façon préventive les protections relatives aux droits de la personne afin d'adopter des lois comme la Loi 21 et la Loi 96, la classe dirigeante établit un dangereux précédent juridique : la préservation d'une culture particulière prime sur les droits fondamentaux des citoyens marginalisés.

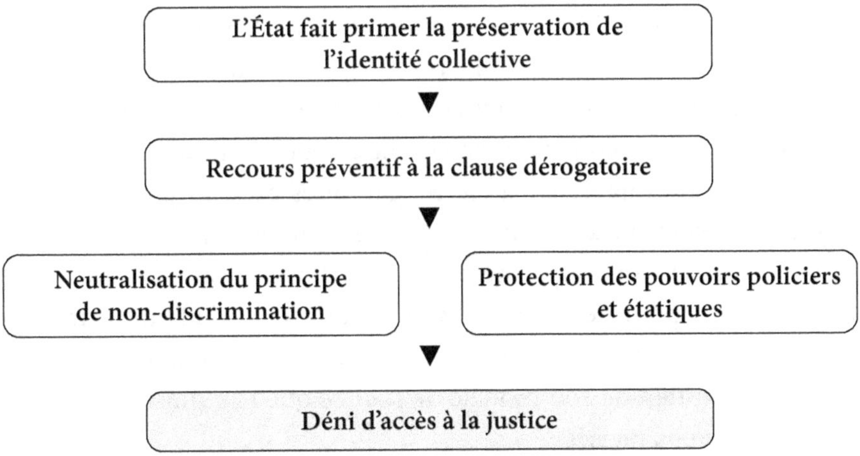

Études de cas juridiques : ancrer la lutte contre le profilage racial

La résistance systémique au principe de non-discrimination se cristallise dans l'affaire marquante ***Procureur général du Québec c. Luamba.***[93]

Joseph-Christopher Luamba, un Montréalais noir d'origine congolaise et haïtienne, est devenu le visage public de la résistance aux pratiques institutionnelles lorsqu'il a contesté l'article 636 du Code de la sécurité routière du Québec. Cette disposition législative conférait aux policiers un pouvoir absolu et sans restriction d'effectuer des interceptions routières aléatoires sans motif raisonnable.

M. Luamba, qui avait été intercepté à répétition par la police — près d'une douzaine de fois sur une période de dix-huit mois sans jamais recevoir le moindre constat d'infraction — soutenait que cette disposition ouvrait la porte au profilage racial. En octobre 2022, le juge Michel Yergeau, de la Cour supérieure, a rendu une décision historique déclarant l'article 636 inconstitutionnel.[94] Le juge Yergeau a notamment affirmé que le profilage racial n'était pas une « abstraction construite en laboratoire », mais une « forme insidieuse de racisme » qui pèse lourdement sur les communautés noires. Le tribunal a reconnu que le fait d'accorder aux policiers un pouvoir arbitraire, sans véritable contrôle, créait une « voie propice » au profilage.

Plutôt que d'accepter cette reconnaissance judiciaire des préjudices systémiques, l'État québécois a immédiatement contesté cette décision. Le procureur général a porté le jugement en appel. Bien que la Cour d'appel du Québec ait confirmé à l'unanimité la décision de première instance, concluant que les interceptions routières aléatoires sans motif raisonnable violaient les garanties prévues par les chartes contre la détention arbitraire et la discrimination, l'État a poussé le litige jusqu'à la Cour suprême du Canada.[95] Ce recours incessant aux fonds publics pour défendre un pouvoir arbitraire de l'État démontre que l'élite dirigeante considère l'impunité policière comme plus essentielle au maintien de son modèle de société que la dignité fondamentale des citoyens racisés.

Luamba intercepté arbitrairement à plus de 10 reprises

▼

La Cour supérieure invalide les interceptions aléatoires

▼

L'État québécois porte le jugement en appel

▼

Appel devant la Cour suprême du Canada (défense de l'État)

Le cadrage médiatique : résister aux limites imposées aux pouvoirs policiers

La résistance de l'État à la reddition de comptes devant les tribunaux est amplifiée et légitimée par les principaux médias provinciaux. Lorsque les tribunaux rendent des décisions qui limitent les pouvoirs policiers de l'État, l'appareil médiatique nationaliste québécois — notamment les chroniqueurs et commentateurs du puissant empire médiatique Québecor (dont *Le Journal de Montréal*) — présente systématiquement ces jugements sous l'angle d'une menace existentielle et d'un danger pour la sécurité publique.[96]

La couverture médiatique des décisions rendues dans l'affaire *Luamba* repose largement sur les procédés rhétoriques suivants :

1. **La peur pour la sécurité publique :** au lieu de mettre l'accent sur les violations systémiques de la dignité humaine subies par les conducteurs noirs et autochtones, les médias d'entreprise amplifient les mises en garde des syndicats policiers et des ministres responsables de la sécurité publique. Les manchettes laissent entendre que retirer aux policiers le pouvoir d'effectuer des interceptions routières aléatoires entraînera un effondrement de la sécurité routière, une hausse de la conduite avec facultés affaiblies et une incapacité à retracer les armes à feu illégales. Le principe de non-discrimination est ainsi présenté comme une menace existentielle pour l'ordre public.

2. **La déformation du « mauvais policier isolé » :** lorsqu'il devient impossible de nier le profilage, les commentateurs dominants le présentent comme un problème isolé attribuable à quelques policiers mal formés. La réalité structurelle — à savoir que la loi elle-même accorde un pouvoir discrétionnaire sans véritable contrôle qui alimente le racisme — est vigoureusement rejetée. Les commentaires médiatiques défendent l'intégrité des institutions de l'État en soutenant qu'invalider une loi entière en raison des actes « isolés » de quelques individus constitue un excès de la part de juges militants.
3. **Le discours victimaire antinationaliste :** parce que les outils juridiques utilisés pour démanteler le profilage prennent appui sur la Charte canadienne des droits et libertés, les commentateurs provinciaux présentent fréquemment ces décisions judiciaires comme une atteinte à la souveraineté du Québec orchestrée par un appareil judiciaire fédéral anglophone. Ce discours laisse entendre que le « wokisme » anglo-canadien est instrumentalisé par les tribunaux afin de démanteler le modèle québécois de laïcité et de cohésion sociale, détournant ainsi l'attention du public du racisme cautionné par l'État pour la ramener vers une logique d'autodéfense nationaliste.

Le déni institutionnel des recours

Pour les personnes marginalisées qui cherchent à obtenir réparation en dehors des principaux tribunaux constitutionnels, l'accès à la justice au Québec est devenu long, complexe et difficilement accessible. *La Commission des droits de la personne et des droits de la jeunesse* (CDPDJ) — l'organisme chargé d'enquêter sur les violations des droits de la personne — souffre d'un sous-financement chronique, de délais bureaucratiques considérables et d'un seuil de preuve élevé pour établir l'existence d'une discrimination systémique.

De plus, le cadre institutionnel détourne activement les plaintes individuelles de toute résolution systémique. Des organismes de défense des droits ont démontré que la Commission des droits de la personne abandonne ou ferme régulièrement des plaintes individuelles pour profilage racial lorsqu'un recours collectif portant sur des faits similaires est en cours, laissant les victimes dans une impasse bureaucratique sans véritable recours individuel.97 Même lorsque certaines affaires parviennent à progresser, les victimes se heurtent à un appareil institutionnel qui traite les allégations de racisme non pas comme une défaillance systémique devant être corrigée, mais comme une attaque existentielle contre le caractère moral de la nation. En niant l›existence de la discrimination systémique aux plus hauts échelons de l›État, celui-ci ferme la porte à toute réforme institutionnelle véritable. L›appareil juridique se transforme ainsi en un mur de filtrage institutionnel, faisant en sorte que les personnes victimes de déshumanisation soient systématiquement privées des moyens de contester leurs oppresseurs.

La rhétorique politique de la déshumanisation : l'incident du « cette madame »

Le racisme et le chauvinisme sous-jacents de la classe dirigeante québécoise se révèlent périodiquement dans des moments de rhétorique politique spontanée. L'un des exemples les plus révélateurs de cette dynamique est survenu au début de la campagne électorale provinciale de 2022, lors d'un échange entre le premier ministre François Legault et Dominique Anglade, alors cheffe du Parti libéral du Québec.

Le contexte de cette marque de mépris

Dominique Anglade est une personnalité hautement accomplie de la vie publique québécoise : ingénieure de formation, titulaire d'une maîtrise en administration des affaires (MBA), ancienne dirigeante d'entreprise et première femme noire à diriger un grand parti politique dans l'histoire du Québec. Francophone de naissance, elle est née à Montréal de parents intellectuels haïtiens ayant fui une dictature afin de contribuer au développement académique et social du Québec. Dominique Anglade incarnait la synthèse même de ce que le modèle d'intégration québécois prétend promouvoir : une parfaite maîtrise du français, un profond engagement civique et une réussite professionnelle au plus haut niveau.

Lors d'une conférence de presse, alors que des journalistes demandaient au premier ministre Legault de répondre aux critiques formulées par Dominique Anglade au sujet du bilan économique de son gouvernement, celui-ci a refusé à plusieurs reprises de prononcer son nom ou de reconnaître son titre officiel de cheffe de l'opposition officielle. Il s'est plutôt contenté de la désigner avec condescendance comme « cette madame » (« that lady » ou « that woman »).[98]

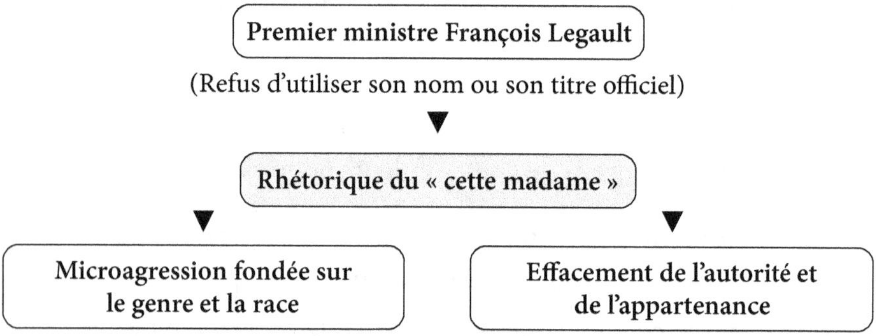

L'anatomie d'une microagression protégée

Ce choix de mots n'était pas une maladresse ou un oubli ; il constituait un geste délibéré et paternaliste d'effacement politique. En réduisant une brillante dirigeante noire bilingue à une désignation anonyme et impersonnelle (« cette madame »), François Legault a envoyé à l'électorat le message qu'elle n'avait pas sa place parmi les plus hautes autorités politiques de la province. Il s'agissait d'une tactique classique, à la fois sexiste et racialisée, visant à dépouiller une figure issue d'une minorité de la crédibilité et du statut qu'elle avait acquis au prix de ses efforts.

Dans le contexte plus large du discours politique québécois, la réaction — et surtout l'absence de réaction — est tout aussi révélatrice. Alors que Dominique Anglade a courageusement repris cette expression dans sa campagne en déclarant : « *La madame, elle a un plan!* », afin de revendiquer sa dignité, l'appareil politique et médiatique dominant a largement minimisé l'incident. Les chroniqueurs et les défenseurs du premier ministre ont présenté les critiques comme une manifestation d'un « wokisme » hypersensible importé du Canada anglais ou des États-Unis, plutôt que d'y voir un symptôme du chauvinisme structurel. Le fait qu'un premier ministre en exercice puisse déshumaniser aussi ouvertement sa principale adversaire politique sans subir de conséquences politiques majeures démontre qu'au sein de la culture politique québécoise, les personnes marginalisées peuvent encore être publiquement rabaissées sans véritable coût politique.

L'interculturalisme comme instrument de construction raciale

Pour comprendre pourquoi le multiculturalisme est combattu avec autant de vigueur par les élites québécoises, il faut examiner ce qu'il remet fondamentalement en cause. Le multiculturalisme canadien, quelles que soient ses limites, repose sur un cadre constitutionnel qui reconnaît l'égalité de la citoyenneté sans égard à la race, à la langue ou à l'origine nationale. Il interdit explicitement à l'État d'élever un groupe ethnique particulier au rang de caste dominante permanente bénéficiant d'une protection juridique au-dessus de tous les autres.

Pour la classe dirigeante québécoise, c'est précisément cette prémisse égalitaire qui fait du multiculturalisme une menace inacceptable. Le projet nationaliste repose fondamentalement sur le maintien d'une hiérarchie sociale dans laquelle *les majoritaires* — les descendants blancs et catholiques des colons français — occupent de façon permanente le centre du pouvoir politique, culturel et moral, tandis que tous les autres groupes demeurent des postulants permanents à l'acceptation.

Dimension de la politique d'intégration	Multiculturalisme canadien	Interculturalisme québécois
Valeur fondamentale	Égalité constitutionnelle et diversité	Préservation de la culture dominante
Modèle linguistique	Bilinguisme officiel	Monolinguisme strict (français)
Structure sociale	Mosaïque de cultures égales	Modèle centre-périphérie (culture d'accueil et groupes invités)
Dynamique du pouvoir	Décentralisation et approche fondée sur les droits	Assimilation imposée par l'État et hiérarchie

L'autre modèle québécois, celui de l'interculturalisme, fonctionne comme un instrument de cette construction raciale. Il instaure un cadre psychologique et juridique opposant une « culture d'accueil » à des « cultures invitées ». Dans ce système, les minorités sont enfermées dans un état d'appartenance conditionnelle. On leur dit que si elles apprennent le français, adoptent la laïcité et renoncent aux marqueurs visibles de leur héritage, elles pourront peut-être être tolérées. Pourtant, comme le démontrent les expériences des francophones noirs de naissance et des immigrants français européens, les critères d'acceptation ne cessent d'être déplacés. L'État utilise son pouvoir législatif afin de maintenir le pouvoir entre les mains de la majorité traditionnelle, institutionnalisant une forme de domination ethnocratique sous le couvert du progressisme, de la laïcité et de la défense de la langue française.

Le faux récit de la légitime défense

L'affirmation répétée des élites québécoises selon laquelle le multiculturalisme constituerait une menace pour la langue française relève d'une construction politique élaborée et particulièrement efficace. Au Québec, la langue française est protégée par une solide législation provinciale, une vaste fonction publique, un système d'éducation complet et des institutions culturelles qui assurent sa prééminence au quotidien. La langue française n'est nullement menacée de disparition imminente sous l'effet des populations minoritaires, qui la parlent elles-mêmes, travaillent en français et contribuent activement à son évolution.

En réalité, le multiculturalisme est redouté parce qu'il remet en cause un système solidement établi d'exclusion raciale et culturelle. En maintenant un état permanent de panique linguistique, les élites dirigeantes du Québec détournent efficacement l'attention de leurs propres politiques d'exclusion, des inégalités économiques et des biais institutionnels. Elles instrumentalisent le traumatisme historique des Québécois comme peuple colonisé et conquis sous le régime britannique afin de justifier leurs propres pratiques contemporaines de domination coloniale et raciale à l'égard des minorités. Le discours de protection de la langue française a ainsi été transformé, passant d'un outil légitime de préservation culturelle à une arme idéologique. Il constitue une stratégie sophistiquée employée par une classe dirigeante repliée sur elle-même afin de renforcer son hégémonie, de contrôler les frontières de l'appartenance et de faire en sorte que la société québécoise demeure organisée selon une hiérarchie racialisée rigide sous le faux prétexte de la survie nationale.

CHAPITRE 13

L'instrumentalisation de la procédure : les ordonnances déclarant un plaideur quérulent comme instruments d'exclusion systémique

L'objectif d'une ordonnance déclarant un plaideur quérulent en droit canadien est sans équivoque. Il s'agit d'un mécanisme exceptionnel destiné à protéger l'administration de la justice en préservant les ressources limitées des tribunaux contre des recours manifestement voués à l'échec, répétitifs ou intentés de mauvaise foi dans le seul but de harceler la partie adverse. Historiquement, le droit exige que ce pouvoir soit exercé avec une extrême prudence, précisément parce qu'il prive un individu d'un droit constitutionnel fondamental : l'accès sans entrave aux tribunaux du Roi.[99]

Toutefois, lorsque la procédure est dissociée de sa fonction protectrice d'origine, elle peut aisément être transformée en arme offensive. À la Cour supérieure du Québec, le jugement rendu par la juge Catherine Piché, dans le district de Gatineau, illustre cette dérive inquiétante. En accordant une importance prépondérante à la prétendue « multiplication abusive des procédures » — un récit activement promu par le Service de police de la Ville de Gatineau — le tribunal a redéfini la quête d'un justiciable noir visant à obtenir réparation en matière de responsabilité civile comme un acte de harcèlement procédural. L'analyse des mécanismes structurels de cette décision, qui, selon des commentaires juridiques locaux, aurait été rendue sous l'influence institutionnelle plus large de la juge en chef de la Cour supérieure du Québec, Marie-Anne Paquette, fait émerger une réalité profondément préoccupante. Le statut de plaideur quérulent est ainsi détourné de sa finalité pour protéger les institutions publiques contre les allégations de profilage racial, créant un mécanisme inconstitutionnel permettant à un seul juge d'écarter, dans les faits, les conclusions d'organismes indépendants de défense des droits de la personne et de soustraire l'État à tout examen critique.[100]

Les fondements ontariens : protéger les tribunaux, non punir les justiciables

La norme canadienne moderne encadrant la qualification de **plaideur quérulent** trouve son fondement historique et jurisprudentiel dans la common law ontarienne. Les décisions fondatrices ont établi qu'une personne ne devait être visée par cette qualification juridique restrictive que dans des circonstances exceptionnelles et clairement définies. Dans la décision phare *Re: Lang Michener and Fabian* (1987), la Haute Cour de l'Ontario a établi le critère de référence : le tribunal doit examiner l'historique global ainsi que l'objet du litige, et ne peut rendre une telle ordonnance que lorsque les procédures sont manifestement vouées à l'échec et intentées dans un but abusif ou de harcèlement.[101]

De plus, les tribunaux ontariens mettent depuis longtemps en garde contre la tentation de confondre un volume élevé de procédures ou un style de plaidoirie persistant et combatif avec la quérulence. Dans *Standard Life Assurance Co. c. Cleland* (2000), le tribunal a précisé que la simple persévérance, le recours à des stratégies procédurales offensives ou le dépôt d'un grand nombre de requêtes ne suffisent pas, à eux seuls, à établir la quérulence, particulièrement lorsqu'il s'agit de personnes non représentées qui évoluent dans un système complexe et souvent hostile. À la suite de ces décisions, la magistrature a réaffirmé que ce mécanisme constitue une mesure de dernier recours.

Comme l'a souligné la Cour dans *Lukezic c. Banque Royale du Canada* (2012), les tribunaux doivent faire preuve d'une retenue judiciaire exceptionnelle avant de priver un citoyen de son droit fondamental d'accès à la justice, avertissant que de telles ordonnances peuvent, lorsqu'elles sont appliquées de manière trop large, devenir des instruments d'oppression.[102]

En dénaturant cette logique fondamentale, la décision rendue à Gatineau renverse les principes établis du droit canadien. Au lieu d'écarter des recours manifestement abusifs, la qualification de « plaideur quérulent » a été instrumentalisée afin de faire taire une réclamation étayée de plusieurs milliers de dollars. Cette décision marque un dangereux éloignement des traditions juridiques canadiennes, transformant un mécanisme procédural étroitement circonscrit destiné à protéger l'intégrité du système judiciaire en une barrière protégeant les organismes de l'État contre l'examen critique auquel ils devraient être soumis.[103]

L'effondrement constitutionnel : les articles 7 et 15 de la Charte

En qualifiant la lutte systématique menée par Raymond Carby-Samuels contre la discrimination raciale d'abus de procédure, la Cour supérieure ne s'est pas contentée de mal appliquer la *common law* ; elle a provoqué un véritable effondrement constitutionnel. En vertu de la Charte canadienne des droits et libertés, les tribunaux sont tenus de faire respecter la loi suprême du pays. Or, l'ordonnance de vaste portée rendue par la juge Piché porte directement atteinte aux protections fondamentales garanties par les articles 7 et 15 de la Charte.[104]

L'article 7 garantit à chacun le droit à la vie, à la liberté et à la sécurité de sa personne, ainsi que le droit de ne pas en être privé, sauf conformément aux principes de justice fondamentale. La sécurité juridique ainsi que l'accès égal à un tribunal impartial permettant de protéger sa dignité font partie intégrante de ces principes. Interdire préventivement à un citoyen d'intenter toute nouvelle procédure ou tout nouvel appel sans autorisation judiciaire préalable, au seul motif qu'il a vigoureusement contesté la résistance des autorités municipales, constitue une privation arbitraire de l'accès à la justice qui contrevient directement aux principes fondamentaux de l'équité procédurale.[105]

Parallèlement, cette manœuvre judiciaire viole les droits à l'égalité garantis par le paragraphe 15(1), qui prévoit que toute personne est égale devant la loi et a droit à la même protection et au même bénéfice de la loi, indépendamment de toute discrimination fondée notamment sur la race. Lorsque l'État dispose de ressources publiques pratiquement illimitées pour retarder les procédures et épuiser un plaignant indépendant, puis que le tribunal intervient pour déclarer « quérulent » le justiciable racisé qui répond à ces manœuvres, le droit cesse d'offrir une protection égale. Il en résulte un système à deux vitesses : d'un côté, un régime privilégié où les institutions publiques sont protégées par une armure procédurale; de l'autre, un régime subordonné où les justiciables noirs sont exclus pour avoir refusé de se soumettre au silence imposé par le système.[106]

L'illusion de la protection législative et la défiance judiciaire

Sur papier, le Québec prétend offrir des protections rigoureuses contre les poursuites et les manœuvres judiciaires abusives exercées par les institutions. Les articles 51 à 54 du Code de procédure civile établissent un régime anti-SLAPP (*Strategic Lawsuit Against Public Participation*) expressément conçu pour empêcher les entités puissantes de détourner le système judiciaire afin de réduire au silence la participation du public, les critiques ou les recours légitimes. Combiné aux garanties explicites contre la discrimination prévues par la Charte des droits et libertés de la personne du Québec, ce régime aurait dû constituer un véritable rempart juridique protégeant la recommandation d'indemnisation de 44 000 $ accordée à M. Carby-Samuels par *la Commission des droits de la personne et des droits de la jeunesse* (CDPDJ).[107]

Pourtant, la décision rendue à Gatineau met en lumière une faille fondamentale dans l'accès à la justice. La primauté du droit devient illusoire lorsqu'un juge est résolu à parvenir à une conclusion préétablie et empreinte de partialité. La volonté de la juge Piché d'écarter tant l'esprit des dispositions anti-SLAPP que la force normative de *la Charte québécoise* démontre que les droits consacrés par la loi ne valent que par l›intégrité du juge chargé de les faire respecter. Lorsqu›un juge de la Cour supérieure agit de concert avec des préjugés institutionnels afin de soustraire un corps policier à toute reddition de comptes, les lois codifiant les droits fondamentaux deviennent inopérantes. Le texte de loi n›est plus qu›une illusion de protection, aisément contournée par un juge qui sélectionne de manière opportuniste certaines subtilités procédurales afin de mener à bien une vendetta institutionnelle.[108]

Le défi du racisme envers l'État de droit et la nécessité de garanties exceptionnelles

En définitive, la transformation des procédures visant à déclarer un plaideur quérulent en arme offensive révèle une vulnérabilité fondamentale de l'architecture judiciaire canadienne. Le racisme systémique contemporain ne se manifeste plus par des démonstrations explicites de préjugés de la part des tribunaux ; il s'exprime plutôt à travers le langage apparemment neutre et technique de « l'efficacité judiciaire » ou de la « multiplication abusive des procédures ». Parce que le racisme contemporain contourne, déforme et écarte facilement les lois écrites afin de préserver les rapports de pouvoir existants, il ne suffit pas de s'en remettre au seul texte des lois pour protéger les citoyens marginalisés.

Lorsqu'un juge d'une juridiction inférieure peut recourir à une ordonnance administrative exceptionnelle pour neutraliser des recours fondés sur les droits de la personne tout en échappant à une surveillance véritablement efficace, les mécanismes de protection constitutionnelle cessent de jouer leur rôle. Pour empêcher que les tribunaux ne deviennent des forteresses protégeant les institutions publiques contre tout examen critique, il est nécessaire de mettre en place des mécanismes indépendants de surveillance exceptionnels afin de prévenir les excès du pouvoir judiciaire. Tant que la direction de la magistrature, sous l'autorité de la juge en chef Marie-Anne Paquette, ne reconnaîtra pas cette réalité, la procédure continuera d'être instrumentalisée et les droits consacrés par la loi demeureront entièrement inefficaces face à une magistrature résolue à préserver un statu quo préétabli.

CHAPITRE 14

Les disparités interprovinciales dans l'application des droits de la personne et la crise de l'imputabilité des services de police municipaux

L'effondrement des protections prévues par la loi dans le district de Gatineau met en lumière une vulnérabilité plus profonde des régimes provinciaux de protection des droits de la personne. Lorsqu'un plaignant voit ses libertés civiles compromises par un appareil de défense municipale particulièrement agressif, l'organisme provincial chargé de veiller au respect des droits de la personne constitue le dernier rempart entre l'obligation de rendre des comptes et l'exclusion totale.

Le présent chapitre propose une analyse structurelle articulée autour de deux défaillances institutionnelles distinctes. Il compare d'abord la manière dont les différentes commissions provinciales des droits de la personne protègent les citoyens vulnérables contre les demandes de communication de documents provenant d'autres provinces ainsi que contre la collecte non autorisée de renseignements personnels. Il met ensuite en lumière les défaillances administratives des organismes de surveillance des services de police municipaux, qui permettent à des policiers possédant un dossier criminel documenté pour voies de fait de demeurer en fonction, favorisant ainsi des représailles sur le terrain qui sapent la primauté du droit.[109]

Les protections législatives face à la capitulation procédurale : une comparaison interprovinciale

La tolérance dont a fait preuve *la Commission des droits de la personne et des droits de la jeunesse* (CDPDJ) à l'égard de la demande intrusive de la Ville de Gatineau visant à obtenir les dossiers médicaux ontariens ainsi que les relevés universitaires de M. Samuels constitue une anomalie grave lorsqu'on la compare aux pratiques observées dans les autres provinces canadiennes. Dans un régime efficace de protection des droits de la personne, une commission investie d'un mandat législatif agit comme un gardien résolu du droit à la vie privée du plaignant, consciente que les demandes intrusives de communication de documents sans véritable pertinence constituent une stratégie classique utilisée par des défendeurs étatiques ou des entreprises disposant de ressources considérables afin d'intimider et d'épuiser les justiciables indépendants.

COMPARAISON INTERPROVINCIALE DE LA PROTECTION EN MATIÈRE DE COMMUNICATION DE DOCUMENTS	
INSTANCE / ORGANISME	**MÉCANISME DE PROTECTION**
Québec (CDPDJ / Code de procédure civile)	Déférence passive envers le pouvoir discrétionnaire des tribunaux ; absence de protections législatives actives contre les demandes abusives de communication de renseignements provenant d'autres provinces.
Ontario (Tribunal des droits de la personne / HRTO)	Application stricte du critère de la pertinence en vertu de la règle 16 ; le Tribunal rejette régulièrement les demandes intrusives de communication de renseignements personnels dépourvues de pertinence.
Colombie-Britannique (BC HRT / BCHRC)	Protection législative rigoureuse du droit à la vie privée ; le fardeau incombe au défendeur de démontrer la nécessité exceptionnelle d'obtenir les dossiers médicaux.

Le système ontarien de protection des droits de la personne (TDPO)

En vertu du Code des droits de la personne de l'Ontario et du cadre procédural du Tribunal des droits de la personne de l'Ontario (TDPO), la communication de documents est strictement encadrée par les critères de pertinence et de proportionnalité prévus à la règle 16 des Règles de procédure du Tribunal. Le TDPO tient pleinement compte du déséquilibre de pouvoir qui existe entre les plaignants non représentés et les défendeurs institutionnels.[110]

Si une entité municipale en Ontario tente d'obtenir la communication d'un relevé de notes universitaire ou d'un dossier médical provenant d'une autre province alors que ces documents n'ont aucun lien avec une plainte pour profilage racial survenue lors d'une intervention policière, le Tribunal ou le Centre d'assistance juridique en matière de droits de la personne (CAJDP) intervient. Le Tribunal rejette régulièrement de telles demandes d'emblée, les qualifiant de recherches abusives de renseignements destinées à porter atteinte à la vie privée du plaignant et à l'épuiser sur le plan procédural.

Le modèle de la Colombie-Britannique (BCHRT)

En Colombie-Britannique, le régime mis en œuvre conjointement par la *BC Human Rights Clinic* et le *BC Human Rights Tribunal* offre une protection législative du droit à la vie privée encore plus rigoureuse. Le Tribunal applique des mesures strictes de filtrage en ce qui concerne la communication de renseignements personnels, particulièrement lorsque les documents demandés sont conservés dans une autre province.[111]

Le fardeau incombe entièrement au défendeur de démontrer que les documents réclamés sont absolument indispensables à la défense de la prétention principale. Si un service de police cherche à obtenir des dossiers médicaux liés à la santé mentale ou des dossiers scolaires hautement confidentiels dans le but de mener une campagne de discrédit, le régime de la Colombie-Britannique considère, à première vue, qu'une telle demande constitue une atteinte à l'équité procédurale, protégeant ainsi efficacement la victime contre les tactiques de représailles fondées sur des demandes abusives de communication de documents.

La vulnérabilité du modèle québécois

À l›opposé de l›Ontario et de la Colombie-Britannique, la Commission des droits de la personne et des droits de la jeunesse (CDPDJ) du Québec transfère fréquemment ses responsabilités de protection vers le régime général de procédure civile prévu par le Code de procédure civile. Dans l›affaire Carby-Samuels, la défenderesse municipale a ignoré l›article 9 de la Charte des droits et libertés de la personne du Québec, qui garantit la protection des renseignements personnels et confidentiels. Elle a plutôt entrepris une démarche extrajudiciaire visant à obtenir la communication de documents provenant d›une autre province, illustrant la volonté de la CDPDJ de faire cause commune avec l›État en fermant les yeux sur les droits fondamentaux, alors qu›elle aurait dû s›opposer à la Couronne et à ses représentants.[112]

En s'abstenant de mettre en place un mécanisme législatif obligatoire et spécifiquement destiné à protéger les plaignants en matière de droits de la personne contre les demandes abusives de renseignements provenant d'autres provinces et sans pertinence véritable, le Québec laisse les personnes non représentées vulnérables aux excès institutionnels. Cette lacune systémique permet à des défendeurs disposant de ressources considérables de détourner les règles ordinaires de communication de la preuve pour en faire des instruments de coercition.

L'échec des organismes de surveillance des services de police municipaux à sanctionner les policiers déclarés coupables d'infractions criminelles

Les représailles exercées sur le terrain par l'agent Shawn Mahar en juin 2022, lorsqu'il a procédé à une interception frauduleuse pour une prétendue infraction de « traversée irrégulière de la chaussée » afin de menacer un plaignant indépendant en matière de droits de la personne d'une arrestation arbitraire, constituent la conséquence directe d'une défaillance administrative plus profonde : l'incapacité des organismes municipaux de surveillance policière à faire respecter des normes disciplinaires élémentaires.[113]

Lorsqu'un service de police municipal permet à un agent ayant fait l'objet d'une déclaration de culpabilité criminelle pour voies de fait, largement relayée par les médias, de demeurer en fonction avec son arme de service et son insigne, l'institution cesse d'agir comme un véritable organisme d'application de la loi et devient un facteur de risque cautionné par l'État.

VERS L'ESCALADE INSTITUTIONNELLE ET LES REPRÉSAILLES
1. PLAINTE DÉPOSÉE La CDPDJ rend une décision préliminaire recommandant l'octroi de dommages-intérêts punitifs contre l'agent Mahar.
2. INACTION DE L'ORGANISME DE SURVEILLANCE L'organisme de surveillance du service de police municipal omet de suspendre ou de destituer l'agent malgré une déclaration de culpabilité criminelle connue pour voies de fait.
3. REPRÉSAILLES SUR LE TERRAIN Fort de cette impunité, l'agent utilise un faux prétexte (« traversée irrégulière de la chaussée ») pour lancer une campagne d'intimidation armée contre le plaignant.
4. COLLUSION INSTITUTIONNELLE Des juges de haut rang et les avocats de la CDPDJ étouffent et ignorent la violation de l'article 82 afin de protéger l'image publique du service de police.

L'échec du mandat des organismes de surveillance policière

Les lois provinciales encadrant les services policiers partout au Canada confient aux commissions et aux organismes municipaux de surveillance policière le rôle d'assurer une supervision civile. Leur mission légale première consiste à protéger le public en tenant le chef de police et le service de police responsables des inconduites, du respect des normes opérationnelles et de la discipline interne. L'un des fondements de ce mandat est de préserver la confiance du public envers l'administration de la justice.[114]

Lorsqu'un policier est déclaré coupable d'une infraction criminelle, particulièrement d'une infraction avec violence comme des voies de fait, l'organisme de surveillance civil possède non seulement le pouvoir explicite, mais également l'obligation morale d'exiger son congédiement immédiat ou sa suspension sans solde pour une longue période. Lorsqu'un organisme de surveillance choisit de détourner le regard alors qu'un policier conserve l'intégralité de ses pouvoirs opérationnels, il abdique de façon flagrante son devoir envers le public. Un tel choix transmet aux policiers de première ligne un message clair : une déclaration de culpabilité criminelle ne met pas fin à une carrière ; elle ne constitue qu'un simple désagrément administratif que le service de police s'emploiera à atténuer.

Les mécanismes de l'impunité et des représailles

Cette défaillance totale de l'imputabilité interne produit un effet direct et cumulatif sur les interventions policières quotidiennes. Un policier qui a réussi à éviter son congédiement malgré une condamnation criminelle est un policier qui sait qu'il bénéficie d'une impunité totale. Lorsqu'une enquête indépendante en matière de droits de la personne menace ensuite ses intérêts financiers par l'imposition éventuelle de dommages-intérêts punitifs, sa réaction n'est pas la conformité, mais la colère.[115]

L'interception sur le trottoir survenue en juin 2022 constituait l'aboutissement naturel et prévisible de ce sentiment d'impunité institutionnelle. L'agent Mahar savait qu'il bénéficiait de la protection complète de son service de police et de son organisme de surveillance.

Cette protection lui a permis d'intervenir avec assurance de manière armée et hostile contre M. Samuels, en écartant même l'évaluation juridique correcte de son propre partenaire, selon laquelle aucun permis de conduire n'est requis pour circuler sur un trottoir. Mahar s'est senti suffisamment protégé pour lancer un ultimatum d'arrestation arbitraire de trente secondes, convaincu que son parcours professionnel démontrait déjà que le système s'adapterait toujours afin de préserver son autorité.

L'effacement de l'article 82

Lorsque les organismes municipaux de surveillance policière omettent d'écarter de leurs rangs des policiers déclarés coupables d'infractions criminelles, ils imposent un fardeau considérable et insoutenable au régime de protection des droits de la personne. Lorsque la CDPDJ a choisi de détourner le regard et de passer sous silence les éléments de preuve concernant les représailles exercées par l'agent Mahar sur le terrain, elle a agi de manière à protéger les institutions municipales contre les lourdes répercussions publiques découlant de leurs propres défaillances disciplinaires.[116]

Reconnaître qu'un policier en fonction possédant des antécédents criminels pour voies de fait utilisait son insigne comme un instrument d'intimidation contre un plaignant en matière de droits de la personne aurait signifié admettre que le système québécois de surveillance civile des services de police avait subi un effondrement systémique complet. Afin d'éviter un tel embarras institutionnel, la CDPDJ et les tribunaux qui ont ensuite été saisis du dossier ont choisi de sacrifier les droits de la victime, réduisant le mandat de protection contre les représailles prévu à l'article 82 à une pure fiction.

Le réseau interconnecté de protection institutionnelle

En définitive, la comparaison des mécanismes provinciaux de protection en matière de communication de documents et l'analyse du fonctionnement des organismes municipaux de surveillance policière révèlent l'existence d'un réseau de protection institutionnelle interconnecté conçu pour soustraire le pouvoir de l'État à tout examen critique. Les abus visant des plaignants en matière de droits de la personne provenant d'autres provinces sont tolérés parce que la Commission semble dépourvue de la volonté institutionnelle nécessaire pour faire respecter ses propres garanties en matière de protection de la vie privée. Les représailles policières exercées sur le terrain sont, quant à elles, permises parce que les organismes de surveillance civile refusent de faire respecter les limites fondamentales imposées par le droit criminel et la Constitution à l'égard de leurs propres policiers.

Lorsque ces défaillances institutionnelles distinctes convergent, elles érigent un mur pratiquement infranchissable devant les justiciables racisés qui se représentent eux-mêmes. Le droit écrit promet la protection de la vie privée, l'équité et une protection contre les représailles ; la réalité est celle d'un appareil coordonné, déployé à plusieurs niveaux, dont l'objectif est de protéger l'État, de réduire les voix critiques au silence et de préserver à tout prix un statu quo profondément compromis.

CHAPITRE 15

Le juriste bourbonien : dépouiller les citoyens de leurs droits pour maintenir la hiérarchie sociale

L'appareil judiciaire canadien contemporain se présente constamment comme un système inclusif, postracial, régi par des règles objectives et par le principe de l'égalité constitutionnelle. Pourtant, sous cette apparence neutre et bureaucratique se dissimule une architecture idéologique qui considère toute contestation provenant d'une personne racisée comme une menace à l'ordre institutionnel. Lorsqu'un système de justice civile cesse de simplement administrer les dossiers qui lui sont soumis pour punir activement un justiciable issu d'une minorité parce qu'il utilise les mécanismes légaux de reddition de comptes, il ne remplit plus le rôle d'un arbitre impartial. Il devient plutôt un instrument de pouvoir brut, destiné à protéger la classe dirigeante contre toute forme d'examen critique.[117]

Cette hostilité structurelle a trouvé son expression la plus extrême dans la décision rendue le 28 mai 2026 par la juge Catherine Piché. Dans ses motifs écrits, la juge Piché reproche à Raymond Carby-Samuels d'avoir eu recours aux mécanismes officiels de plainte afin de dénoncer des manquements judiciaires, présentant ces démarches comme la preuve de son caractère « quérulent ». En faisant de la participation d'un citoyen aux mécanismes démocratiques de surveillance un motif justifiant la suppression de ses libertés civiles, ainsi que de la recommandation d'indemnisation de 44 000 $ déjà reconnue en matière de droits de la personne, le tribunal a mis au jour une idéologie profondément enracinée et foncièrement régressive. Cette philosophie repose sur un postulat unique, jamais formulé mais omniprésent : les citoyens noirs doivent accepter en silence le traitement que leur réserve l'État, et toute tentative d'obtenir une reddition de comptes constitue un acte d'insolence qui mérite d'être sanctionné par l'exclusion des tribunaux.[118]

LES MÉCANISMES RÉPRESSIFS DU BIAIS INSTITUTIONNEL	
DROIT DÉMOCRATIQUE (ACTES DE PARTICIPATION CITOYENNE)	**RÉPONSE DE LA JUSTICE BOURBONIENNE**
• Déposer des plaintes déontologiques officielles visant des manquements judiciaires.	• Présenté comme une preuve de « quérulence » procédurale.
• Présenter des observations officielles à des institutions démocratiques (le Sénat).	• Qualifié d'abus de l'administration de la justice.
• Contester le racisme systémique et le profilage institutionnel.	• Sanctionné par la suppression de tout accès futur aux tribunaux.

La criminalisation des recours prévus par la loi

Pour mesurer toute la gravité de l'illégalité constitutionnelle de la procédure engagée à Gatineau, il faut examiner les mécanismes précis auxquels M. Samuels a eu recours pour faire valoir ses griefs. Il n'a jamais agi en dehors du cadre légal ; au contraire, il s'est adressé directement à des mécanismes officiels de surveillance expressément créés et reconnus par le Parlement.

Ces régimes législatifs, notamment la Loi sur la conduite des juges, ont été adoptés dans un objectif d'intérêt public clair : assurer l'imputabilité des juges nommés par le gouvernement fédéral envers la population et offrir aux citoyens un moyen de dénoncer des situations de partialité, d'incompétence ou de racisme systémique.[119]

Lorsque la juge Piché a choisi de considérer ces plaintes déontologiques officielles comme des éléments démontrant le caractère « quérulent » de M. Samuels, le tribunal a porté une atteinte flagrante, motivée par des considérations idéologiques, aux principes de la gouvernance démocratique. En droit canadien, le dépôt d'une plainte auprès d'un organisme de surveillance réglementaire, tel que le Conseil canadien de la magistrature (CCM), constitue un droit administratif protégé. Il s'agit d'une procédure juridiquement distincte d'une instance civile, expressément conçue pour fonctionner indépendamment du pouvoir discrétionnaire du juge saisi du procès.[120]

En intégrant ces plaintes externes, pourtant protégées, à son jugement en matière civile afin d'étayer un récit de « harcèlement », la juge Piché a, dans les faits, criminalisé l'exercice d'un recours légitime. Cette décision établit un précédent dangereux et inconstitutionnel : si un citoyen racisé ose dénoncer l'inconduite d'un juge blanc auprès des organismes de surveillance désignés par le Parlement, le pouvoir judiciaire peut utiliser ses vastes pouvoirs sommaires pour lui fermer définitivement les portes des tribunaux. Ce mécanisme ne protège pas l'efficacité des tribunaux ; il protège les inconduites judiciaires contre les mécanismes de surveillance prévus par la loi, transformant le droit constitutionnel d'un citoyen de demander des comptes au pouvoir en un risque personnel considérable.[121]

La classe dirigeante néo-bourbonienne et l'échec de la Loi constitutionnelle du Québec de 2025

Cette hostilité judiciaire ne peut être réduite à une simple erreur d'interprétation des règles de procédure. Elle reflète plutôt l'idéologie propre à une classe dirigeante néo-bourbonienne qui s'est discrètement enracinée au sein des plus hauts échelons de la magistrature québécoise, sous la direction institutionnelle de la juge en chef de la Cour supérieure, Marie-Anne Paquette.[122]

Historiquement, la Maison de Bourbon se caractérisait par l'exercice d'un pouvoir monarchique absolu, la centralisation de l'autorité et une volonté inébranlable de préserver des hiérarchies sociales rigides. Dans l'État bourbonien, les droits n'étaient ni inhérents ni universels ; ils constituaient des privilèges conditionnels accordés par la Couronne à une élite restreinte. Les classes inférieures de la société, en particulier les personnes racisées et les minorités, ne possédaient aucun droit légitime de se plaindre du traitement qui leur était réservé, de contester l'aristocratie ou d'exiger une reddition de comptes. Une manifestation contemporaine de cette idéologie a trouvé son expression politique la plus aboutie dans l'échec de la Loi constitutionnelle du Québec de 2025.[123]

La Loi constitutionnelle du Québec de 2025 était une initiative élaborée par cette classe dirigeante néo-bourbonienne. Il s'agissait d'un projet législatif visant à soustraire les institutions provinciales aux garde-fous constitutionnels fédéraux et à concentrer le pouvoir entre les mains d'une élite régionale fermée et autorégulée. Bien que cette initiative ait finalement échoué, l'idéologie raciste qui la sous-tendait lui a survécu et s'est manifestée directement dans les démarches judiciaires entreprises par la suite contre Raymond Samuels.

La campagne visant à faire déclarer M. Samuels plaideur quérulent est née du même objectif politique qui animait le projet constitutionnel de 2025 : celui de bâtir un système replié sur lui-même où des citoyens racisés peuvent être privés de leurs droits par des mécanismes totalement dépourvus de fondement constitutionnel. Lorsque l'élite néo-bourbonienne a échoué à remodeler l'ordre constitutionnel général de la province en 2025, elle s'est tournée vers l'utilisation des tribunaux, dossier par dossier, afin de mener une forme de sédition constitutionnelle à petite échelle, en écartant les paramètres fédéraux et les protections de la *common law* pour parvenir à un résultat préétabli contre un critique noir.[124]

LA PHÉNOMÉNOLOGIE CONTRASTÉE DE LA REDDITION DE COMPTES	
DÉMOCRATIE CONSTITUTIONNELLE	**RÉVISIONNISME NÉO-BOURBONIEN**
• Les droits sont universels et inhérents.	• Poursuivi au moyen de l'échec de la Loi constitutionnelle du Québec de 2025.
• Les institutions publiques doivent rendre des comptes à l'ensemble des citoyens.	• Attaque les justiciables en matière de droits de la personne au moyen de manœuvres procédurales dénuées de fondement.
• Les plaintes déontologiques constituent des droits démocratiques protégés.	• Les plaintes sont perçues comme des actes d'insolence et sont sanctionnées.

La privation des droits civils

La véritable nature punitive de l'ordonnance déclarant un plaideur quérulent se révèle à travers l'ampleur de ses conséquences. Elle a anéanti une recommandation d'indemnisation de 44 000 $ en matière de discrimination, validée par *la Commission des droits de la personne et des droits de la jeunesse* (CDPDJ). Cette recommandation constituait un acquis juridique reconnu, une confirmation officielle par un organisme statutaire chargé des droits de la personne que les allégations de profilage systémique formulées par M. Samuels contre le Service de police de Gatineau reposaient sur des fondements sérieux.

Priver M. Samuels de cette recommandation validée au seul motif qu'il a exercé avec vigueur son droit, prévu par la loi, de déposer des plaintes déontologiques constitue un acte de représailles judiciaires. Cette décision met au jour le double standard qui régit l'architecture contemporaine de la justice civile :

L'élite économique : les multinationales et les puissants acteurs étatiques peuvent multiplier sans limite les requêtes interlocutoires, mobiliser des armées d'avocats grassement rémunérés et intenter des demandes reconventionnelles agressives sous le couvert d'une « représentation vigoureuse ».

Le justiciable racisé : un citoyen noir non représenté qui fait preuve de la même ténacité, de la même combativité procédurale et du même refus de capituler est rapidement étiqueté comme « plaideur quérulent » et exclu des tribunaux.

Cette asymétrie démontre que, dans l'esprit des plus hautes instances de la magistrature, les personnes noires qui portent plainte ne méritent pas une protection égale de la loi. Elles mériteraient plutôt d'être entièrement privées de leurs droits civils. Le message transmis par le tribunal de la juge Piché est aussi limpide qu'inquiétant : les tribunaux civils n'acceptent la présence des minorités qu'à la condition qu'elles demeurent des sujets passifs et dociles. Dès qu'un Canadien noir tente d'agir en citoyen à part entière, en utilisant les mécanismes créés par le Parlement pour dénoncer des préjugés systémiques et des inconduites judiciaires, le système est prêt à écarter ses propres garanties légales afin de mener une campagne coordonnée d'exclusion totale.

L'effondrement des garanties démocratiques

En définitive, la transformation des procédures visant à déclarer un plaideur quérulent en un instrument servant à satisfaire une vendetta politique ou personnelle révèle une vulnérabilité fondamentale de l'architecture judiciaire canadienne. Les lois écrites, les protections prévues par la loi et les chartes de protection contre la discrimination deviennent entièrement inopérantes lorsque les plus hauts dirigeants de la magistrature utilisent leurs vastes pouvoirs sommaires pour maintenir une hiérarchie sociale régressive.

En assimilant les plaintes officiellement adressées au Parlement et au Sénat à des actes interdits de harcèlement, la magistrature de Gatineau s'est éloignée des principes fondamentaux d'une démocratie constitutionnelle. Elle a instauré une enceinte fermée, échappant à tout contrôle, dans laquelle un juge peut soustraire les institutions publiques à l'examen des minorités sans craindre une véritable surveillance externe. Tant que des mécanismes indépendants de reddition de comptes, extérieurs à l'appareil judiciaire, ne seront pas mis en place afin de briser ces réseaux d'autoprotection, les droits consacrés par la loi demeureront une illusion, et les tribunaux ne seront plus qu'une forteresse destinée à protéger le pouvoir contre toute reddition de comptes.

CHAPITRE 16

Le défaut structurel de la Confédération : l'autonomie provinciale et l'usurpation des droits de la personne

La fédération canadienne est minée par une faille structurelle fondamentale : le partage constitutionnel des compétences a, involontairement, permis que les droits fondamentaux de la personne soient accaparés par des structures politiques régionales. En vertu du paragraphe 92(13) de la Loi constitutionnelle de 1867, les « propriétés et les droits civils dans la province » relèvent expressément de la compétence provinciale. Si ce partage visait à l'origine à préserver les coutumes locales et les traditions juridiques, il s'est transformé en un défaut structurel qui permet aux élites provinciales de se soustraire aux normes universelles en matière de droits de la personne. Au Québec, cette autonomie juridictionnelle exercée sans véritable contrepoids a été utilisée pour écarter les principes égalitaires fondamentaux qui devraient régir un État démocratique moderne. En traitant les droits de la personne comme une matière provinciale plutôt que comme une garantie nationale intangible, le cadre constitutionnel actuel laisse les minorités vulnérables à la merci des fluctuations de la politique majoritaire régionale.

Pour remédier à cette vulnérabilité, le Canada devrait constitutionnaliser un rôle considérablement accru du gouvernement fédéral dans l'application directe des protections relatives aux droits civils. Une telle modification permettrait à l'appareil fédéral d'assurer, de façon uniforme et juridiquement contraignante, l'application du principe du multiculturalisme expressément consacré à l'article 27 de la Charte canadienne des droits et libertés. Les droits de la personne ne peuvent demeurer fragmentés par les frontières provinciales. Une véritable égalité exige une application centralisée capable d'écarter les lois provinciales qui cherchent à priver les minorités linguistiques, ethniques et racisées de leurs droits. En l'absence d'un tel rééquilibrage structurel, la promesse de la citoyenneté canadienne demeure illusoire, variable et entièrement tributaire du lieu où réside le citoyen.

Le mirage de l'application des droits : des régimes sous-financés et l'indifférence judiciaire

L'ASYMÉTRIE DES DROITS CIVILS AU CANADA	
Appareil provincial	**Justiciable marginalisé**
• Mécanismes financés par l'État • Immunité civile quasi absolue • Chambres d'écho institutionnelles	• Organismes de défense des droits de la personne gravement sous-financés • Frais judiciaires prohibitifs
RÉSULTAT	
Les gardiens administratifs se contentent d'afficher un engagement de façade envers l'équité, tandis que les tribunaux font abstraction des principes nationaux du multiculturalisme.	

L'architecture constitutionnelle actuelle a systématiquement créé un rapport de force inégal, opposant les immenses ressources financées par les contribuables dont disposent les gouvernements provinciaux à des organismes de défense des droits de la personne fragmentés et gravement sous-financés. Partout au Canada, et plus particulièrement au Québec, les organismes administratifs chargés de protéger les droits de la personne agissent bien souvent comme des gardiens des intérêts de l'État plutôt que comme des défenseurs des personnes opprimées. Ces commissions et tribunaux provinciaux se contentent fréquemment d'afficher un engagement de façade envers les principes d'équité, de diversité et d'inclusion. En réalité, ils ont recours à des délais bureaucratiques, à des définitions procédurales restrictives et à des critères rigides de qualité pour agir afin de neutraliser les plaintes avant même qu'elles ne soient entendues par un décideur impartial.

Cette dilution institutionnelle a créé un climat toxique dans lequel les services de police municipaux et les juges provinciaux se sentent entièrement affranchis de l'esprit national du multiculturalisme. Parce que les mécanismes d'application des droits sont privés des ressources nécessaires et cloisonnés par les barrières juridictionnelles provinciales, les juges peuvent rendre des décisions et les corps policiers adopter des pratiques qui font abstraction des réalités démographiques d'une société diversifiée. Les justiciables qui contestent ces pratiques sont contraints de se frayer un chemin dans un véritable labyrinthe judiciaire hostile, en affrontant des avocats de l'État disposant de ressources publiques pratiquement illimitées. Cette asymétrie permet à la discrimination systémique de demeurer largement incontestée. Le système judiciaire devient ainsi un mécanisme qui épuise les ressources financières et psychologiques des personnes marginalisées, renforçant la nécessité de mettre en place un véritable régime d'application des droits, solidement appuyé par le gouvernement fédéral et doté d'un financement indépendant. Tant que cette réforme ne sera pas réalisée, les régimes provinciaux de protection des droits de la personne continueront de servir de façade cosmétique dissimulant des biais institutionnels profondément enracinés.[125]

La corruption de la Cour supérieure : le racisme systémique et l'effondrement de la surveillance judiciaire

La vulnérabilité de cette architecture est encore aggravée par une crise qui touche les plus hautes instances de la magistrature. Des juges nommés par le gouvernement fédéral, siégeant au sein de tribunaux provinciaux comme la Cour supérieure du Québec, ont été mis en cause pour des comportements ouvertement racistes et discriminatoires. Nommés en vertu de l'article 96 de la Loi constitutionnelle de 1867, ces juges exercent un pouvoir immense, pratiquement à l'abri de tout contrôle, au sein des systèmes judiciaires provinciaux. Lorsque de tels magistrats instrumentalisent leur fonction contre des justiciables racisés, ils ne commettent pas simplement des erreurs de droit ; ils empoisonnent la source même de la justice.

Cette situation perdure parce que les organismes de surveillance sont eux-mêmes profondément compromis. Le Conseil canadien de la magistrature (CCM), créé par le Parlement afin d'enquêter sur les inconduites judiciaires, ne dispose ni de la volonté institutionnelle ni de l'indépendance structurelle nécessaires pour véritablement tenir les juges fautifs responsables de leurs actes. Le CCM est composé exclusivement des juges en chef et juges en chef associés qui dirigent eux-mêmes l'organisation judiciaire. Cette structure crée un système fermé caractérisé par l'autopréservation institutionnelle. Ce réflexe protectionniste fait en sorte que les plaintes alléguant un racisme systémique ou manifeste sont régulièrement rejetées, minimisées ou ensevelies sous des subtilités procédurales. Lorsque les gardiens de la justice protègent leurs propres collègues contre l'examen du public, toute véritable reddition de comptes devient impossible. Le Canada s'expose alors à une lente désintégration constitutionnelle lorsque des juges peuvent ouvertement renier la promesse fondamentale d'une « société juste » — la vision historique énoncée par l'ancien premier ministre Pierre Elliott Trudeau dans son discours marquant de 1968. En permettant aux juges de se soustraire aux valeurs égalitaires qui définissent le Canada contemporain, le pouvoir judiciaire mine activement la primauté du droit.

Le précédent Carby-Samuels : les cabales du pouvoir et le droit de fabriquer les faits

L'affaire *Raymond Carby-Samuels c. Ville de Gatineau* constitue une démonstration éloquente de cette défaillance systémique. Elle montre que, même lorsqu'il existe des juges intègres et de bonne foi qui cherchent à défendre les droits de la personne et les droits civils, ceux-ci ne peuvent, à eux seuls, contrebalancer un système compromis. Le cadre actuel permet à un seul juge, agissant au nom d'une cabale institutionnelle, d'abuser du pouvoir de l'État en violation directe de la Constitution. Lorsqu'un seul magistrat peut instrumentaliser une salle d'audience afin de réduire au silence un demandeur en matière de droits de la personne, l'intégrité de certains juges ailleurs dans le système ne suffit plus à sauver l'institution dans son ensemble.

LA CRISE DE L'EFFACEMENT DE LA SURVEILLANCE
• Conseil canadien de la magistrature (CCM), institué par le Parlement. • Entièrement administré par les juges faisant l'objet des enquêtes. • Absence totale de mécanismes internes de reddition de comptes.
CONSÉQUENCE
Un système corporatiste fermé qui protège ouvertement les comportements hostiles, rendant la promesse d'une « société juste » illusoire.

La promesse de la nation canadienne demeurera hors de portée tant que des juges comme Catherine Piché pourront se livrer impunément à des attaques hostiles et à des abus de pouvoir. Dans l'affaire Carby-Samuels, cet excès de pouvoir s'est notamment traduit par une étonnante liberté de fabriquer des contrevérités directement dans les décisions judiciaires. Il s'agissait notamment d'inventer de toutes pièces des affirmations mensongères mettant en doute les qualifications scolaires élémentaires du demandeur, notamment en prétendant qu'il ne possédait aucun diplôme universitaire malgré des éléments de preuve clairs démontrant le contraire. Lorsqu'un juge nommé par le gouvernement fédéral peut fabriquer des faussetés depuis le banc afin de démolir la crédibilité et la réputation d'un citoyen, l'immunité judiciaire cesse d'être un rempart garantissant l'indépendance judiciaire pour devenir un permis de diffamer. Un tel comportement envoie au public le message que, dans une salle d'audience, la force brute l'emporte sur la vérité objective, minant ainsi l'intégrité de l'administration de la justice.[126]

Affronter les vestiges bourboniens : l'ambition néo-féodale d'un Québec indépendant

Cette profonde faiblesse structurelle de la Confédération est aujourd'hui activement exploitée par une classe politique régressive — les vestiges bourboniens de la politique canadienne contemporaine. Ces acteurs cherchent à instrumentaliser l'autonomie provinciale non pas pour protéger une culture distincte dans un cadre moderne, mais pour réaliser un projet ancien : la renaissance d'un Québec indépendant façonné selon le modèle autoritaire et homogène de la Nouvelle-France.

Ils exploitent les failles de l'armature constitutionnelle canadienne afin d'édifier une ethnocratie repliée sur elle-même, privant systématiquement les anglophones, les allophones et les peuples autochtones de leurs droits sous le prétexte de la préservation culturelle. Leur vision de la souveraineté ne constitue pas un projet progressiste; elle représente un repli néo-féodal qui considère le cosmopolitisme, le pluralisme et les droits universels de la personne comme des menaces existentielles au pouvoir de l'État.

En s'appuyant sur un cadre institutionnel qui rejette le multiculturalisme, ces élites repliées sur elles-mêmes ont réussi à transformer les institutions publiques en instruments d'uniformisation culturelle. Cette ambition régressive repose sur le maintien du défaut structurel de la Constitution, garantissant que le gouvernement fédéral demeure juridiquement paralysé, incapable d'intervenir lorsqu'une province porte atteinte aux libertés fondamentales. Si cette stratégie n'est pas freinée, elle entraînera non seulement la fragmentation de l'État canadien, mais aussi la consolidation, en Amérique du Nord, d'une enclave autoritaire — un régime où la primauté du droit est subordonnée au nationalisme ethnique et où toute dissidence est écrasée sous le poids de la complicité bureaucratique et judiciaire. Préserver le Canada d'une telle issue exige une prise de conscience collective immédiate, capable de reconnaître ces ambitions séparatistes pour ce qu'elles sont véritablement : une attaque directe contre les acquis démocratiques de l'époque moderne.

Le front uni : une renaissance multiculturelle de l'identité francophone

Une détermination commune : pour vaincre les discours régressifs de l'élite politique, les Canadiens de toutes origines — y compris les francophones progressistes — doivent s'unir dans une détermination sans compromis à combattre le racisme institutionnel.

La réalité multiethnique : le véritable potentiel du Québec ne réside pas dans une monoculture artificielle imposée par l'État, mais dans l'épanouissement d'une population francophone moderne et multiethnique, reflet de la Francophonie mondiale.[127]

L'unité cosmopolite : cette vision inclusive présente un Québec diversifié non pas comme une enclave isolée, mais comme une composante pleinement intégrée d'un Canada cosmopolite et riche de sa diversité culturelle.

Une citadelle de valeurs : en mettant fin à l'exceptionnalisme juridique provincial et en s'attaquant à la déliquescence engendrée par une immunité judiciaire échappant à tout contrôle, le pays pourra enfin devenir une véritable citadelle des valeurs consacrées par la Charte canadienne des droits et libertés, où la justice, l'égalité et la dignité seront garanties de façon uniforme d'un océan à l'autre.

Restructurer le Conseil canadien de la magistrature : démanteler le système de caste

L'absence totale de mécanismes internes de reddition de comptes au sein du Conseil canadien de la magistrature (CCM) exige une réforme législative en profondeur de la *Loi sur les juges*. Historiquement, des réformes comme le projet de loi C-9 n'ont offert qu'une apparence de reddition de comptes en maintenant un système fermé où les juges en chef continuent de juger leurs propres collègues. Les données historiques démontrent d'ailleurs que le CCM rejette systématiquement plus de 95 % des plaintes déposées par les citoyens, et souvent la totalité d'entre elles. Lorsqu'un juge est exposé pour des manifestations graves de partialité, il lui suffit de démissionner ou de prendre sa retraite discrètement, tout en conservant sa pension financée par les contribuables et en échappant à toute sanction officielle.

Afin de démanteler ce système corporatiste de protection judiciaire, le Parlement devrait imposer les réformes structurelles suivantes :

1. **Un mécanisme de surveillance indépendant dirigé par des civils** : les comités de déontologie du CCM doivent cesser d'être dominés par des juges. Ils devraient être remplacés par des commissions d'enquête indépendantes dirigées par des civils, composées d'experts en droits de la personne, de juristes universitaires et de représentants de la société civile n'entretenant aucun lien avec le pouvoir judiciaire.[128]
2. **L'élimination de l'échappatoire liée à la retraite** : la loi devrait interdire la cessation automatique des procédures disciplinaires lorsqu'un juge démissionne ou prend sa retraite. Lorsqu'une plainte est déjà en cours, l'enquête devrait obligatoirement être menée jusqu'à son terme, et toute conclusion établissant une inconduite grave devrait entraîner la perte rétroactive des droits à la pension judiciaire.
3. **Des enquêtes proactives obligatoires** : l'organisme de surveillance devrait être légalement tenu d'ouvrir de sa propre initiative des enquêtes portant sur des tendances systémiques de discrimination raciale, linguistique ou culturelle, plutôt que de demeurer passif face à des abus de pouvoir largement documentés jusqu'à ce qu'un citoyen, déjà épuisé par le processus, dépose une plainte officielle.

RÉFORMER LA SURVEILLANCE JUDICIAIRE SYSTÉMIQUE	
Modèle corporatiste actuel	**Modèle civil proposé**
• Jugés par leurs pairs, les juges en chef	• Comité indépendant de surveillance dirigé par des civils
• Les procédures prennent fin si le juge prend sa retraite	• Obligation de mener l'enquête à son terme et perte de la pension en cas de faute établie
• Taux élevé de rejet des plaintes ; processus d'examen opaque	• Publication des dossiers et conclusions contraignantes

Percer le bouclier absolu : des voies législatives pour sanctionner la fabrication des faits

Bien que l'indépendance judiciaire constitue l'un des fondements essentiels d'un État démocratique, elle n'a jamais eu pour vocation d'accorder aux juges le droit de fabriquer des contrevérités structurelles depuis le banc. Dans l'affaire Carby-Samuels, le tribunal a été le théâtre d'une manifestation extrême de l'immunité absolue : une juge nommée par le gouvernement fédéral aurait fabriqué un récit afin de priver un justiciable vulnérable de sa crédibilité juridique. En l'état actuel de la *common law* canadienne, la doctrine de l'immunité judiciaire demeure pratiquement absolue en matière civile, protégeant les juges même lorsque leurs actes sont allégués comme constituant un usage malveillant de la procédure ou un abus de charge publique.

Afin de remédier à cette grave lacune juridique, le Parlement doit prévoir des exceptions législatives précises à l'immunité judiciaire. Cet objectif pourrait être atteint au moyen des mesures suivantes :[129]

1. **La Loi sur l'intégrité des faits sous couvert de l'autorité de l'État** : le Parlement devrait adopter une disposition législative établissant que l'immunité judiciaire absolue ne s'étend pas aux actes de fabrication intentionnelle de faits ni à la falsification de documents dans les décisions judiciaires. Lorsqu'un juge invente sciemment des faits — par exemple en affirmant faussement qu'un justiciable ne possède aucun diplôme universitaire malgré la présence au dossier d'une preuve documentaire explicite du contraire — cet acte devrait être juridiquement qualifié d'abus de charge publique commis en dehors des fonctions judiciaires.
2. **Une dérogation législative à l'immunité de la Couronne** : une nouvelle loi devrait créer une cause d'action civile explicite permettant aux citoyens de réclamer des dommages-intérêts lorsqu'il est démontré, par le dossier judiciaire lui-même, qu'un juge a délibérément déformé la preuve afin de causer un préjudice. Cette dérogation législative permettrait enfin aux justiciables de franchir l'obstacle quasi infranchissable de l'immunité civile.

3. **Des modifications au Code criminel visant le parjure judiciaire** : le *Code criminel* du Canada devrait être modifié afin d'élargir les définitions de l'entrave à la justice et de la fraude de manière à viser expressément les juges qui falsifient intentionnellement le dossier judiciaire. La fabrication de la preuve depuis le banc devrait entraîner les mêmes conséquences pénales que le parjure commis par un témoin à la barre.

En mettant en œuvre ces réformes structurelles, le Canada pourrait combler l'écart entre les valeurs constitutionnelles abstraites consacrées par la *Charte canadienne des droits et libertés* et l'expérience concrète des justiciables. Une telle réforme garantirait qu'aucun représentant des institutions ne puisse se réfugier derrière la robe judiciaire pour détourner la vérité.[130]

ENDNOTES

[1] Statistics Canada, "Portrait of visible minorities in the Quebec labour market," Census of Population (Ottawa: Supply and Services Canada).

[2] Institut de la statistique du Québec, Socio-economic Profiles of Cultural Communities in the Greater Montreal Area (Government of Quebec, Region of Montreal).

[3] Statistics Canada, "Labour market insights on the earnings gap," Insights on Canadian Society (Ottawa: Statistics Canada).

[4] Based on segregated provincial census tracking metrics evaluating university-educated cohorts aged 35 to 44 across all provinces.

[5] Ibid. The discrepancies accentuate distinct gaps impacting racialized female professionals arriving from Francophone MENA jurisdictions.

[6] Paul Eid, Mesurer la discrimination à l'embauche subie par les minorités racisées (Montréal: CDPDJ).

[7] Ibid., pp. 34–38.

[8] OCPM, Rapport de consultation publique sur le racisme et la discrimination systémiques dans les compétences de la Ville de Montréal.

[9] Executive statements and policy briefings delivered by the CAQ administration during legislative assembly debates on institutional nomenclature.

[10] Coroner's Inquiry Bureau, Rapport d'enquête du coroner sur le décès de Joyce Echaquan (Gouvernement du Québec).

[11] Legal evaluations of the proactive invocation of Section 33 within the text of Bill 21 (An Act respecting the laicity of the State) and Bill 96.

[12] Procureur général du Québec c. Luamba, 2024 QCCA (Court of Appeal of Quebec).

[13] Luamba c. Procureur général du Québec, 2022 QCCS 3851 (Superior Court of Quebec, judgment of Hon. Michel Yergeau).

[14] Supreme Court of Canada, Case File dockets reviewing requests for leave to appeal submitted by the Attorney General of Quebec in the Luamba matter.

[15] Content analyses of syndicated columnists operating across mainstream printed media channels affiliated with corporate media conglomerates in Quebec.

[16] Strategic review assessments published by Black community advocacy legal clinics detailing bureaucratic dismissal patterns.

[17] Transcripts of media scrums and executive campaign press conferences during the formal provincial election cycle 2022.

[18] Department of Finance Canada, Federal Transfer Payments to Provinces and Territories: Fiscal Year 2024–2025 Estimates (Ottawa: Government of Canada, 2024).

[19] Parliamentary Budget Officer (PBO), Fiscal Sustainability Report (Ottawa: Office of the Parliamentary Budget Officer, 2024).

[20] Fraser Institute, The Fiscal Imbalance in Canada: Policy Options (Vancouver: Fraser Institute, 2023).

[21] Constitution Act, 1982, being Schedule B to the Canada Act 1982 (UK), 1982, c. 11.

[22] Ibid., s. 15 (Equality Rights) and s. 27 (Multicultural Heritage).

[23] Barreau du Québec, Mémoire sur le projet de loi no 1, Loi sur la constitution du Québec (Montréal: Barreau du Québec, 2025).

[24] Amnesty International, Submission to the UN Universal Periodic Review: Canada (London: Amnesty International, 2024).

[25] Ministère de l'Éducation du Québec, History and Citizenship Education: Secondary Cycle Two Program (Québec: Gouvernement du Québec).

[26] Ibid. The curriculum frameworks intentionally omit regional macroeconomic dependency metrics within standard classroom evaluations of provincial fiscal capacity.

[27] Canadian Civil Liberties Association (CCLA), Educational Mandates and Identity Conscription in Sub-National Jurisdictions (CCLA Studies).

[28] H.P. Biggar (ed.), The Voyages of Jacques Cartier (Ottawa: Public Archives of Canada, 1924).

[29] Commission des droits de la personne et des droits de la jeunesse (CDPDJ), Rapport annuel 2022–2023 (Montréal: CDPDJ, 2023).

[30] Chief Justice Manon Savard, Court of Appeal of Quebec, Rapport annuel (Québec: Cour d'appel du Québec, 2023).

[31] Service de police de la Ville de Montréal (SPVM), Rapport annuel (Montréal: SPVM, 2023).

[32] Human Rights Watch, "I've Seen Too Much": Racial Profiling by Police in Canada (New York: HRW, 2023).

[33] Ibid., pp. 45–52.

[34] CDPDJ, Racial Profiling: Context, Definition and Scope (Montréal: CDPDJ, 2011).

[35] An Act respecting the laicity of the State, CQLR c. L-0.3 (Bill 21, 2019).

[36] National Council of Canadian Muslims (NCCM) v. Attorney General of Quebec, 2021 QCCS 1466.

[37] United Nations Human Rights Committee, Concluding Observations on the Sixth Periodic Report of Canada (Geneva: OHCHR, 2022).

[38] Québec, Ministère du Conseil exécutif, Discussion Paper on State Secularism (Québec: Gouvernement du Québec, 2019).

[39] Gilles Lapointe, La Révolution tranquille: une révolution qui dure encore (Montréal: Presses de l'Université du Québec, 2020).

[40] Ibid., pp. 77–93.

[41] Raymond Carby-Samuels v. Ville de Gatineau et al., District of Gatineau, Quebec Superior Court.

[42] Service de police de la Ville de Gatineau (SPVG), Rapport annuel (Gatineau: SPVG, 2023).

[43] CDPDJ, Racial Profiling and Systemic Discrimination of Racialized Youth (Montréal: CDPDJ, 2011).

[44] City of Gatineau, Official Municipal Charter and City Council Resolutions (Gatineau: Ville de Gatineau).

[45] Ibid.

[46] Bureau des enquêtes indépendantes (BEI), Annual Report on Police Conduct (Québec: BEI, 2023).

[47] CDPDJ, Preliminary Ruling on Discriminatory Profiling (Montréal: CDPDJ).

[48] Statistics Canada, Labour Force Survey (Ottawa: Supply and Services Canada, 2023).

[49] Ibid.

[50] Institute for Research on Public Policy (IRPP), The Economic Cost of Discrimination in Canada (Montréal: IRPP, 2022).

[51] Conference Board of Canada, The Cost of Systemic Racism to the Canadian Economy (Ottawa: Conference Board of Canada, 2020).

[52] Montreal Economic Institute (MEI), The Hidden Structural Deficit: Federal Transfers and the Viability of the Quebec Civil Service State (Montréal: MEI Research Series).

[53] Ibid., pp. 34–41.

[54] Code of Civil Procedure, CQLR c. C-25.01 (Québec).

[55] Ibid., Articles 51–59 (Abuse of Procedure).

[56] Barreau du Québec, Report on Access to Justice and Procedural Abuse in Quebec Courts (Montréal: Barreau du Québec, 2023).

[57] Canadian Judicial Council, Annual Report (Ottawa: Canadian Judicial Council, 2023).

[58] McGill Institute for the Study of Canada, The Social Construction of Nations in Federal Systems (Montréal: McGill University Press).

[59] Canadian Charter of Rights and Freedoms, Part I of the Constitution Act, 1982, s. 33 (the Notwithstanding Clause).

[60] Ford v. Quebec (Attorney General), 2 SCR 712.

[61] An Act respecting the laicity of the State, CQLR c. L-0.3; An Act respecting French, the official and common language of Québec, SQ 2022, c. 14 (Bill 96).

[62] Canadian Bar Association, Resolution on the Use and Misuse of the Notwithstanding Clause (Ottawa: CBA, 2022).

[63] Ibid.

[64] An Act respecting French, the official and common language of Québec, SQ 2022, c. 14 (Bill 96).

[65] Office québécois de la langue française (OQLF), Annual Report on the State of the French Language in Québec (Québec: OQLF, 2023).

[66] Commissioner of Official Languages of Canada, Annual Report 2022–2023 (Ottawa: Office of the Commissioner of Official Languages, 2023).

[67] Alliance Quebec, Language Rights and the Courts: A Legal History (Montréal: Alliance Quebec, 2021).

[68] Ibid., pp. 78–85.

[69] Raymond Carby-Samuels v. Ville de Gatineau et al., District of Gatineau, Quebec Superior Court.

[70] CDPDJ, Discrimination systémique dans l'accès aux services publics (Montréal: CDPDJ, 2022).

[71] Human Rights Watch, "I've Seen Too Much": Racial Profiling by Police in Canada (New York: HRW, 2023), pp. 12–18.

[72] Service de police de la Ville de Montréal (SPVM), Rapport d'enquête sur le profilage racial (Montréal: SPVM, 2022).

[73] Bureau des enquêtes indépendantes (BEI), Annual Report (Québec: BEI, 2023).

[74] CDPDJ, Racial Profiling and Systemic Discrimination of Racialized Youth (Montréal: CDPDJ, 2011), pp. 23–31.

[75] Human Rights Watch, "I've Seen Too Much": Racial Profiling by Police in Canada (New York: HRW, 2023), pp. 12–18.

[76] Malcolm X, "Message to the Grassroots" (speech delivered November 10, 1963, Detroit, Michigan).

[77] bell hooks, Killing Rage: Ending Racism (New York: Henry Holt, 1995).

[78] Frantz Fanon, The Wretched of the Earth, trans. Constance Farrington (New York: Grove Press, 1963).

[79] Ibid., pp. 149–163.

[80] W.E.B. Du Bois, The Souls of Black Folk (Chicago: A.C. McClurg and Co., 1903).

[81] Albert Memmi, The Colonizer and the Colonized, trans. Howard Greenfeld (Boston: Beacon Press, 1965).

[82] Statistics Canada, "Portrait of visible minorities in the Quebec labour market," Census of Population (Ottawa: Supply and Services Canada).

[83] Institut de la statistique du Québec, Socio-economic Profiles of Cultural Communities in the Greater Montreal Area (Government of Quebec, Region of Montreal).

[84] Statistics Canada, "Labour market insights on the earnings gap," Insights on Canadian Society (Ottawa: Statistics Canada).

[85] Based on segregated provincial census tracking metrics evaluating university-educated cohorts aged 35 to 44 across all provinces.

[86] Ibid. The discrepancies accentuate distinct gaps impacting racialized female professionals arriving from Francophone MENA jurisdictions.

[87] Paul Eid, Mesurer la discrimination à l'embauche subie par les minorités racisées (Montréal: CDPDJ).

[88] Ibid., pp. 34–38.

[89] OCPM, Rapport de consultation publique sur le racisme et la discrimination systémiques dans les compétences de la Ville de Montréal.

[90] Executive statements and policy briefings delivered by the CAQ administration during legislative assembly debates on institutional nomenclature.

[91] Coroner's Inquiry Bureau, Rapport d'enquête du coroner sur le décès de Joyce Echaquan (Gouvernement du Québec).

[92] Legal evaluations of the proactive invocation of Section 33 within the text of Bill 21 and Bill 96.

[93] Procureur général du Québec c. Luamba, 2024 QCCA (Court of Appeal of Quebec).

[94] Luamba c. Procureur général du Québec, 2022 QCCS 3851 (Superior Court of Quebec, judgment of Hon. Michel Yergeau).

[95] Supreme Court of Canada, Case File dockets reviewing requests for leave to appeal submitted by the Attorney General of Quebec in the Luamba matter.

[96] Content analyses of syndicated columnists operating across mainstream printed media channels affiliated with corporate media conglomerates in Quebec.

[97] Strategic review assessments published by Black community advocacy legal clinics detailing bureaucratic dismissal patterns.

[98] Transcripts of media scrums and executive campaign press conferences during the formal provincial election cycle 2022.

[99] Lang Michener and Fabian (1987), Ontario High Court (vexatious litigant standard in Canadian jurisprudence).

[100] Standard Life Assurance Co. v. Cleland (2000), Ontario Superior Court.

[101] Code of Civil Procedure, CQLR c. C-25.01, Articles 51–59 (Abusive Proceedings).

[102] Raymond Carby-Samuels v. Ville de Gatineau et al., District of Gatineau, Quebec Superior Court.

[103] Justice Catherine Piché, Quebec Court of Appeal, File No. 500-09-032107-260 (2026).

[104] CDPDJ, Preliminary Ruling on Discriminatory Profiling (Montréal: CDPDJ).

[105] Ibid.

[106] Canadian Judicial Council, Guidelines on the Management of Vexatious Litigants (Ottawa: Canadian Judicial Council).

[107] Ontario Human Rights Code, RSO 1990, c. H.19; HRTO, Rules of Procedure.

[108] BC Human Rights Tribunal (BCHRT), Rules of Practice and Procedure (Victoria: BC Human Rights Tribunal).

[109] Ontario Human Rights Code, RSO 1990, c. H.19; Human Rights Tribunal of Ontario (HRTO), Rules of Procedure (Rule 16).

[110] BC Human Rights Tribunal (BCHRT), Rules of Practice and Procedure (Victoria: BC Human Rights Tribunal).

[111] CDPDJ, Code of Civil Procedure, CQLR c. C-25.01, and Comparative Provincial Discovery Protections.

[112] Raymond Carby-Samuels v. Ville de Gatineau et al., CDPDJ preliminary ruling on invasive discovery demands.

[113] Bureau des enquêtes indépendantes (BEI), Annual Report on Police Conduct (Québec: BEI, 2023).

[114] Ibid.

[115] Service de police de la Ville de Gatineau (SPVG), Internal disciplinary records, Officer Shawn Mahar (Gatineau: SPVG).

[116] CDPDJ, Racial Profiling: Context, Definition and Scope (Montréal: CDPDJ, 2011), pp. 45–60.

[117] Justice Catherine Piché, Quebec Court of Appeal, Reasons for Judgment, File No. 500-09-032107-260, May 28, 2026.

[118] Ibid.

[119] Raymond Carby-Samuels v. Ville de Gatineau et al., CDPDJ preliminary endorsement of $44,000 in damages.

[120] Canadian Judicial Council, Procedures for Complaints Against Federally Appointed Judges (Ottawa: Canadian Judicial Council, 2023).

[121] Parliament of Canada, Petitions and Complaints Procedures, House of Commons Standing Orders (Ottawa: House of Commons, 2024).

[122] Senate of Canada, Procedures for Public Petitions (Ottawa: Senate of Canada, 2024).

[123] Ibid.

[124] Code of Civil Procedure, CQLR c. C-25.01, Articles 51–59; and Quebec Court of Appeal Rules of Practice.

[125] Constitution Act, 1982, being Schedule B to the Canada Act 1982 (UK), 1982, c. 11, ss. 91–92.

[126] Canadian Charter of Rights and Freedoms, s. 15 (Equality Rights), s. 27 (Multicultural Heritage), s. 28 (Rights Guaranteed Equally).

[127] An Act respecting the laicity of the State, CQLR c. L-0.3; An Act respecting French, the official and common language of Québec, SQ 2022, c. 14 (Bill 96).

[128] Canadian Judicial Council, Annual Report 2022–2023 (Ottawa: Canadian Judicial Council, 2023).

[129] CDPDJ, Racial Profiling and Systemic Discrimination of Racialized Youth (Montréal: CDPDJ, 2011).

[130] Supreme Court of Canada, Reference re Secession of Quebec, 2 SCR 217.

www.ingramcontent.com/pod-product-compliance
Lightning Source LLC
LaVergne TN
LVHW010723061126
851857LV00014B/1317
9781778380648